Aurélienne Dauguet

EIN NEUES SELBSTBILD ERSCHAFFEN

MERANO-VERLAG

Aurélienne Dauguet

EIN NEUES SELBSTBILD ERSCHAFFEN

MERANO-VERLAG

Umschlaggestaltung, Illustration: Aurélienne Dauguet

Bibliografische Information der Deutschen Nationalbibliothek:

Die Deutsche Nationalbibliothek verzeichnet diese Publikation in der Deutschen Nationalbibliografie; detaillierte bibliografische Daten sind im Internet über http://dnb.dnb.de abrufbar.

Herstellung: BoD - Books on Demand, Norderstedt

ISBN: 978-3-944700-14-4 (Paperback)

ISBN: 978-3-944700-44-1 (e-book)

Inhalt

EINFÜHRUNG

Mit wachsendem Bewusstsein reflektiert der Mensch zunehmend über sein Aussehen, sein Verhalten, seine Daseinsberechtigung und sein Wesen.

Natürlich kann der Mensch eine Rolle oder eine Verhaltensweise übernehmen, wie er seinen fertigen Anzug direkt aus der Maßanfertigungsfabrik anzieht: Sprachgebrauch, Frisur, Schuhe, Gewohnheiten, Art und Weise zu lachen, zu denken und so weiter.

Aber in einer Zeit, in der uns Herausforderungen an das Selbstbewusstsein und an das kollektive Gewahrsein wachrütteln, tauchen manche Fragen auf. Alles wird hinterfragt, nichts mehr ist selbstverständlich, vieles passt nicht mehr, anderes stimmt auch längst nicht mehr und manches war sowieso nie in Ordnung.

Bei mir? Ja, auch bei mir! Wo ist Veränderung angebracht, möglich, dringend, unentbehrlich? Ja, dann los!

So schnell geht es aber nicht! Wo soll ich anfangen? Ich weiß eher, was ich nicht mehr will, aber was will ich wirklich? So viele Widerstände, unüberwindbare Hindernisse, keine Kraft, zu schwer, ich bin blockiert, es geht überhaupt nichts oder doch zu schnell?!

Tief unter dem, wie uns die Dinge erscheinen, versteckt sich eine gründliche alchemistische Verwandlung, wofür der

Mensch Verantwortung, Selbstbestimmung und göttlichen Auftrag trägt.

Der Mensch ist inkarniert, um sein Wesen zum Ausdruck zu bringen und die Reflektion seines Selbst zu entfalten und zu veredeln.

Unter verschiedenen Aspekten untersuchen wir nun diesen Prozess.

TEIL 1: DIE NOTWENDIGKEIT EIN NEUES SELBSTBILD ZU ERSCHAFFEN

a) Veränderungen in der gegenwärtigen Zeit

Leben ist Veränderung. Dieser Spruch ist erst seit dem 21. Jahrhundert in aller Munde.

Nach dem zweiten Weltkrieg hingegen sehnten sich die Menschen nach Stabilität, Beständigkeit und langzeitigen Projekten.

Die gesellschaftliche Vorgabe, ein ganzes Leben im selben Land, am selben Ort, bei derselben Arbeitsstelle zu verharren, ist trotzdem für die Generationen nach den 60er Jahren des 20. Jahrhunderts schon in der Vorstellung ein Horror-Szenario. Selbstverständlich nicht für alle. Denn viele übernehmen das Konzept der älteren Generation und verfolgen eine sichere Karriere mit den Vorteilen und den Erfolgen, die dazu gehören.

Andererseits ergreifen „die Unruhigen", „die Unstabilen" oder „die Abenteurer" die Möglichkeiten der Phasen, die Veränderung bringen: die Reise-Gelegenheiten, die Fülle an offenen Stellen und die Freiheit in räumlichen sowie in zwischenmenschlichen Begegnungen. Das Recht, aber auch die Plicht zu arbeiten, sind verankert und notwendig, um dem Aufbau und den gesellschaftlichen Erneuerungen entgegenzukommen. Es gibt eine Fülle an Jobs und das entsprechende Angebot an Wohnmöglichkeiten neben anderen Gelegenheiten, die die großzügige Wechsellust begleitet.

Später wird eine wirtschaftliche Einschränkung hergerichtet. Der Engpass will, dass Wohnungs- und Stellenmangel herrscht. Die Marktwirtschaft diktiert befristete und kurzfristige Anstellungen, die dem System dienen, aber nicht den Bedürfnissen der Menschen. Man muss flexibel bis zum Zerbrechen sein, um überhaupt Arbeitsanforderungen zu erfüllen. Man hat Glück, wenn man nicht ständig Überstunden machen muss und nicht gemobbt wird. Dann kann es auch vorkommen, dass man frühzeitig entlassen wird, denn man ist zu alt, zu langsam für die Stelle, die sich einfach nicht mehr rentiert. Es werden nicht einmal ein paar Monate geduldet, bis zum Renteneintritt: nein, einfach raus. Du wirst nicht mehr gebraucht, und die Kunden? Sie erfahren von heute auf morgen: „Ab sofort ist diese Filiale geschlossen. Ihr nächster Ticket-Schalter befindet sich am Hauptbahnhof". Kaltblütig. Unmenschlich. Berechnend.

Psychologisch gesehen zerbrechen manche daran. Würden Sie nicht daran zerbrechen, wenn man Sie nach einem Leben lang als Angestellter wegwirft, wie ein altes Möbelstück oder irgendetwas, das nicht mehr nützlich ist? Wozu klagen? Sie kriegen doch noch zwei Monate vollen Lohn! Aber vielleicht auch nicht. Weg mit Ihnen, man braucht Sie nicht mehr: „Sie sind nicht mehr rentabel, die Zitrone ist ausgedrückt, weg damit!"

Den jungen Menschen werden selbstverständlich Verhaltensweisen eingeprägt, die sie fügig - Entschuldigung - flexibel und bereit machen, allerlei Regeln anzunehmen, um überhaupt einen Job zu bekommen. Sie eifern nach festen Anstellungen trotz unsicheren, schlecht bezahlten und fast unmenschlichen Konditionen (Unter anderem: Arbeitszeiten und Räumlichkeiten, Arbeitstempo, krankmachende Strahlen und so weiter).

Wir leben in einer Überfülle an unnötigen Dingen, Gewohnheiten und Gesetzen, aber einen anständigen Job, der ein würdiges Leben ermöglicht, gibt es nicht für jeden.

Man muss sich also etwas einfallen lassen, bevor die Firma, die horrende Profite macht, Stellen abbauen „muss". Oder man wird zur anderen Seite des Landes beordert. Umzug, eventuelle Trennung von Schule, Familie und Bekanntenkreis. Man wird weggerissen, von dem, was man aufgebaut hat, vom eigenen Lebensrhythmus, vom geliebten Ort, Wahlheimat, Herkunftsland oder Familie.

Diese Veränderungen können ein Segen sein und neue Chancen bieten. Wenn möglich sollte man sie von vorne herein so betrachten, um das Beste daraus zu machen. Ich habe nichts gegen Wechsel und Neues, im Gegenteil. Aber wenn die Einbrüche im Leben eines Menschen durch Profitgier rücksichtslos eingeleitet werden, kommt das Menschliche zu kurz. Gerne hätte ich genaue Zahlen von der Wirtschaft. Gerade von dieser Wirtschaft, die sonst so eifrig ist, jeden Pipifax mit

Zahlen zu versehen. Sie veröffentlicht aber nie wie viele Menschen weltweit hin- und hergeschoben oder gestrandet werden, damit der Profit steigt in einer unendlichen Kurve nach oben. Bekannt sollte doch sein, wie viele Menschen im Stich gelassen werden ohne Broterwerb. Was mich interessiert sind die vielen menschlichen Schicksale und Zusammenhänge: wie die Leute damit umgehen, bevor sie entlassen werden - der Schock, den man empfindet bei der Nachricht der Entlassung, was mit den Arbeitslosen geschieht, wie es ihnen danach geht, wie lange sie brauchen, um wieder Boden zu finden, um einen neuen Anfang zu wagen. Und zwar nicht nur soziologisch gesehen wieder mit Zahlen, sondern die persönlichen Geschichten, die Glückswenden aber auch die Dramen: davon würde ich gerne mehr erfahren. Gibt es eine Studie darüber, die den menschlichen Umgang damit samt persönlichen Erfahrungen mit einbezieht?

Viele Veränderungen dieser Epoche sind durch wirtschaftliche Umstände eingeleitet wie oben beschrieben: Aufbau geht einher mit Arbeit und ist von einem Gefühl der Freiheit, der Fülle und von Entscheidungsmöglichkeiten gekennzeichnet. Nun herrscht die Phase der Knappheit, des Mangels, des Zwangs durch ökonomische, spekulative Maßnahmen, die keiner Ethik folgen und das Lebendige verachten. Jetzt weht ein anderer Zeitgeist.

Als Folge herrschen andere Motivationen und ein anderes Lebensgefühl. Während der Wiederaufbau-Phase standen Möglichkeiten für alle zu Verfügung, gegenwärtig wenige

Chancen für viele. Man muss sich ändern, um zu überleben, weil die Heimat zerstört ist oder weil es keine Zukunft gibt für die Menschen in diesen Teilen der Welt.

Was tun sie dann? Sie begeben sich dann dahin, wo es mehr Perspektiven gibt, wo es zu essen gibt, wo es Frieden gibt, wo es Aussichten gibt für Schulung, Beruf, für ein humanes Leben. Oder zu mindestens, wo die Alltagsumstände einigermaßen besser sind. Andersrum fliehen sie vor furchtbaren Situationen. Genau das würden wir, Sie und ich, auch tun, wenn wir mit ähnlichen Ereignissen konfrontiert wären, nicht wahr?

Grundsätzlich ist die Unruhe auf Erden groß: es gibt viel Bewegung, und zwar aus unterschiedlichen Gründen. Passivität ist nicht mehr angesagt, sondern der Mensch unternimmt etwas, auch wenn es lebensgefährlich ist. Er riskiert den Tod zum Überleben. So groß ist die Verzweiflung. Und er hat entdeckt, dass er das Recht auf Glück hat, dass ihm Erfüllung, Gerechtigkeit, Frieden, Respekt zustehen. Oder doch nicht?

Dazu gibt es auch Veränderung, die aus der Kurzlebigkeit entsteht. Das Langersehnte, das, was man unbedingt haben wollte, seins nennen wollte, wird dann uninteressant, wenn man es in der Hand hält. Dann soll die Wohnung größer werden, in ein besseres Viertel umziehen etc. Das Streben steigt und erweckt neue Sehnsüchte. Das ist ein Spiegel der immerwährenden Evolution. Das kann zur Gier nach dem „Nie genug" werden. Das sind überdies die Wünsche, die Wunscherfüllungen und die Hoffnungen, die uns treiben.

Unter anderem sind wir auf der Erde, um Realitäten zu erschaffen. Der kreative Drang mit seinen Visionen und seinem Streben, treibt uns, unsere inneren Welten umzusetzen. Es geht nicht nur um Dinge, um Materielles, wobei ein konkreter Ausdruck unweigerlich auf der Manifestationsebene am Ende stattfinden wird. Sonst bleibt er eine Chimäre, eine Fantasie, ein vager Wunsch. Gleichzeitig geht es um einen individuellen Beitrag zum großen Ganzen, es geht um die Erfüllung der Lebensbestimmung. Es geht um eine Manifestation des Sinns und Inhalts des Lebensauftrags. Eine heilige Aufgabe, die so winzig erscheinen mag, wie die Ameise, die ein Stückchen Holz transportiert und dabei ihre Welt nach und nach neugestaltet.

Was entsteht zuerst: Die unendlichen Gelegenheiten oder die Kurzlebigkeit? Oder sind sie einfach miteinander gepaart? Das Nächste ist schon im Hinterkopf vorhanden, kaum habe ich erreicht, was ich will oder benötige, strebe ich bereits das Nächste an. Oder geht es um einen rücksichtslosen Konsum? Ohne die Ware zu schätzen, die Arbeit, die Herstellungsvorgänge, die Überlegungen, die dahinterstecken, zu berücksichtigen? Gegenstände sind das Endergebnis von Gedanken, Wissen, Erfahrung und Kreativität. Ehren wir die Menschen und deren Arbeit, die diese Ware hergestellt haben! Ehren wir die große Schöpferkraft, im Leben, in der Natur, in den Menschen und in allem, was immerwährend ist. Dann fängt alles zu leuchten an.

Ja, ich mache absichtlich einen Umweg! Hier geht es darum ein Selbstbild zu erschaffen. Ich ziehe deswegen eine Parallele mit der materiellen Erschaffung, damit Sie mir folgen vom Ideellen zum Konkreten. Wer von der einzigen Schöpferkraft entstammt besteht selbst aus diesem einzigen „Stoff", der ihm / ihr wiederum als Schöpferkraft innewohnt. Die innewohnende Schöpferkraft ist Ursprung und Aspekt unseres Wesens sowie unseres Daseins.

Nicht so weit entfernt vom Thema Kurzlebigkeit, taucht die folgende Beobachtung auf: Die unzähligen Wechselsituationen bieten so viele unterschiedliche Rahmenbedingungen, dass man den Eindruck bekommt, mehrere Inkarnationen in einer zu erleben.

Es sind so viele Gelegenheiten vorhanden, dass wir wie im Zeitraffer auch räumliche Umstellungen und Bewusstseinszustände, schnell und kurz hintereinander erfahren können. Hier sind einige Beispiele: Ich fange einen neuen Lebensabschnitt in einem anderen Teil der Welt an. Ich bin von neuen Menschen umgeben und habe eine neue Familie gegründet. Oder ich habe selbst noch keine geründet, bin also alleinstehend und kinderlos. Im Nu aber könnte ich Mutterersatz von drei halbwüchsigen Kindern und Ehefrau werden. Kurzfristig verfügen die Menschen über neue Rollen, andere Raum- und Zeit-Gefüge und erneuern entsprechend ihre zwischenmenschlichen Konstellationen. Diese können sich rasch vervielfältigen. Anstatt einem graduellen Hineinwachsen in bestimmte Aufgaben, die allmählich Kompetenzen und Anpassung zulassen, müssen sie über Nacht eine neue Identität in neuer Umgebung entwickeln. Eine andere Sprache mit vielleicht unbekannten Schriftzeichen, andere meteorologische Verhältnisse, andere Sitten, eine andersartige Kultur, fremde Gewohnheiten, andere Gesetze, neue Wohn- und Arbeitsumstände müssen in kurzer Zeit bewältigt werden.

Vieles kann geschehen. Ein neues Leben aus freien Stücken anfangen oder man wird mit vorgegebenen Bedingungen konfrontiert: der Partner stirbt und man wird zur Witwe, der Job ist weg, oder ein Verlust in Form eines Todesfalls oder in Form einer beendeten Beziehung findet statt. Es können auch überraschend wunderbare Chancen auftauchen wie Erfolg, ein großes Erbe oder andere Situationen, die das Leben positiv verändern. Erfreuliche Konstellationen stellen selbst eine gewisse Herausforderung dar: wichtige Entscheidungen abwägen, über neue Bereiche und Zusammenhänge lernen, neue Fähigkeiten und Verhaltenskodex entwickeln, sich an ein neues Umfeld gewöhnen. Selbstverständlich beinhalten sie mehrere Lernprozesse und sie verlangen genauso viel Neuorientierung in erfüllten Lebensphasen, wie in den weniger glücklichen. Rasch entstandene positive Veränderungen können ebenso alte Verhaltens- und Gedankenmuster hervorholen.

Die Frequenzerhöhung auf der Erde ist der Hauptfaktor hinter den sichtbaren Einflüssen. Sie ist Teil der natürlichen kosmischen Evolution und der Bewusstseinswandlung, die unter anderem durch die Intensivierung der Schumanns-Schwingung auf dem Planeten sowie die Sonnenwinde im Kosmos begleitet wird. Diese Einflüsse sind seit den 80er Jahren des 20. Jahrhunderts zugange. Daraus entstehen evolutionäre Umwandlungen in der Feinstofflichkeit des Menschen, wie z. B. die Öffnung des Ananda Khanda, eines Neben-Chakras zwischen dem Herz- und dem Hals-Chakra.

Echte, tiefgreifende Veränderungen in der Menschheit, in allen anderen Lebensbereichen auf der Erde sowie auf anderen Planeten sind keinesfalls das Ergebnis der von Menschen gemachten Technologie, sondern sie entstammen einem höheren Plan, der in universellen Gesetzmäßigkeiten und im Kräfteausgleich eingebettet ist. Technologische Errungenschaften sind nur ein minimaler Aspekt eines weit größeren Bildes, wobei Evolution den entscheidenden Auslöser darstellt.

Immer wieder ist es sinnvoll Abstand vom Alltag und vom reinen menschlichen Rahmen zu halten. Somit können wir uns den Platz der menschlichen Seele sowohl in ihrem ewigen, göttlichen Aspekt wie in ihrem vorübergehenden, inkarnierten Zustand vergegenwärtigen. Durch diesen Zugang ist es ersichtlich, dass Bewusstsein Vorrang über materielle und technologische Fortschritte hat.

Dazu gehört die Erforschung des inneren Wesens sowie verschiedene Betrachtungsweisen der Persönlichkeit. Wiederum bildet dieser Ausgangspunkt ein Sprungbrett zu Reflektionen und Infragestellungen der Systeme und Hierarchien auf der Erde, wie beispielweise Patriarchat, herrschende Machtstrukturen, Freiheit und innewohnende

Rechte aller Lebewesen wie Würde, Respekt, Selbstbestimmung etc.

Zentral zu dieser umfangreichen Perspektive steht die Neugestaltung eines neuen Selbstbildes, das mit der Transformation mithält.

b) Innere / äußere Veränderungen: grundsätzlich Dasselbe?

Jegliche Veränderung entfaltet sich aus dem inneren Impuls, Neues zu kreieren. Denn Leben ist Evolution. Ob ich mich für einen Lebenswechsel entscheide oder ob ein äußerer Auslöser zur Ursache der Erneuerungen wird, ist in der Essenz und im Muster gleich.

Natürlich fühlt es sich ganz anders an, ob ich mich aus freiem Stück trenne oder ob ich meinen Partner durch einen Todesfall verliere. Jedoch besteht beispielsweise das Ziel darin, das „alleinstehende Dasein" zu erleben. Ohne das Ableben des Partners wäre mir die Erfahrung des „Alleinseins" entgangen. Vermutlich hätte ich mich für diese neue Lage nicht freiwillig entschieden. Dadurch wäre ich als Persönlichkeit dieser Entfaltungsmöglichkeit ausgewichen, obwohl ich sie mir als Seele vorgenommen habe. Vielleicht haben wir uns mit dem Partner vor dem Inkarnationsprozess sogar darauf geeinigt, diese Ereignisse genau so zu gestalten, wie sie vorgekommen sind?

Es wird ersichtlich, dass Veränderung der Seelenentscheidung entspricht, wenn wir ein umfangreiches Bild gewinnen. Die Lebensumstände, unter denen sie stattfindet, sind an die persönlichen Veranlagungen und zeitlichen Begebenheiten angepasst. Auch wenn die Impulse scheinen, von außen zu stammen, stimmen sie bewusst oder unbewusst mit der inneren Bereitschaft überein, Neues zu erleben.

Die Seele projiziert das nach außen, womit die Persönlichkeit im Inneren noch nicht umgehen kann. Die Realität wird dann zur Leinwand meiner verdrängten Welt. Und somit wird es zum sichtbaren Ereignis, das innere Prozesse in der Welt versinnbildlicht. Ohne dem hätten wir sie unterdrückt, das heißt, nicht wahrgenommen oder aus dem Gewahrsein verdrängt.

c) Sich ändern, um sich selbst zu werden

Mein Ausgangspunkt ist das folgende Postulat: jede Wandlung entsteht von innen heraus, und zwar aus der Höheren Instanz heraus. Sie schickt einen Impuls, der eine Aktion und eine Wirkung auf die Materie verursacht. Der Gedanke wirkt auf das Verhalten, auf die Form, auf die Umgebung und schlussendlich auf die Wirklichkeit und auf den Lebensweg.

Idealerweise stimmt die Interaktion zwischen dem Seelenimpuls und dem Endergebnis in der Wirklichkeit überein. Der Ausdruck in der Welt steht in Resonanz mit dem inneren Kern. Der Mensch lebt im Einklang, mit seinem Innersten, mit seiner Persönlichkeit, mit seinem Auftrag in der Welt sowie mit seinem Umfeld.

Sonst entsteht nicht nur eine Verzerrung von beiden, Selbstbild und Ausdruck dessen, sondern ein unübersehbarer und schmerzhafter Konflikt, der sich jede Minute des Lebens spüren lässt. Dieser Spannungszustand kann die Ursache für diverse Disharmonien und Krankheiten im physischen und im psychischen Bereich sein sowie in der Lebensführung. Um die Stimmigkeit im Wesen zu erfahren, erweist sich Transformation als Weg zur Selbstwerdung und Heilung.

d) Wer bin ich wirklich?

Haben Sie auch Ihre Identität in jungen Jahren in Frage gestellt?

Bin ich eher männlich oder eher weiblich, wann und wie? Die traditionellen Rollen, sind ja nicht so berauschend, dass Mann / Frau sie übernehmen soll, ohne sie zu hinterfragen. Auch wenn es scheint, als ob es keine echte Wahl und keine Alternative gäbe, will man nicht unbedingt wie die Mutter oder die Nachbarin werden, oder in die Haut der Barbiepuppe oder der burschikosen Bekannten schlüpfen. Und schlussendlich jemand anders sein, als wer man ist.

Oder doch? Ich schwanke, unentschlossen zwischen Perspektiven, Prioritäten und vorrübergehenden Launen. Muss sich meine Essenz durch ihre Geschlechtlichkeit überhaupt definieren? Ist sie die Eine oder die Andere oder gar eine faszinierende Mischung von beiden, deren Prädominanz variiert? Und wenn ich beides oder gar alles wäre, was sich nach und nach wie eine Blüte mit unterschiedlichen Blumenblättern und Farbtönen entfaltet? „Ich bin alles" macht mir Angst. Wie verhält sich „ein Alles, das über unendliche Varianten und Möglichkeiten verfügt?" Dafür gibt es kein Model, kein Protokoll. Dazu gibt es keinen zum Nachahmen, keine Anleitung, kein Rezept. Was soll ich sein, was soll ich tun? Nach außen kann ich verschiedene Selbstbilder „aufstellen". Aber die wahre Suche und vor allem die Entdeckungen liegen im Inneren. Und so begebe ich mich auf die Erforschung der Selbstbilder.

Bin ich die sanfte Seele, womit ich mich meistens identifiziere, oder die Löwin, die regelrecht kämpfen kann? Bin ich genau wie mein Vater, wie meine Mutter abfällig behauptete oder teile ich paradoxerweise mehr gemeinsame Eigenschaften mit ihr?

Haben Sie sich schon selbst überrascht mit spontanen Reaktionen, die ihr gegenwärtiges Selbstbild nicht widerspiegeln? Verdrängen Sie ihre negativen Aspekte? Zweifeln Sie an Ihren positiven? Oder beobachten Sie Ihr Ausdrucksspektrum mal mit Staunen, mal mit Unverständnis aber stets mit Interesse?

Die Selbstbeobachtung führt zum Beobachter. Der Zeuge ist die Instanz, die die ganze Inkarnation auf allen Ebenen verfolgt, ohne zu bewerten oder zu urteilen. Das Höhere Selbst ist die Wächterin der Evolutionsreise. Meditation oder Kontemplation bieten direkte Wege zur inneren Beobachterin.

Selbstreflektion, die Fähigkeit sich infrage zu stellen, aber auch Tagträumen und stille Momente setzen einen in Verbindung mit dem inneren Zeugen.

Der tiefere Einblick in die Essenz enthüllt die Multidimensionalität des Wesens. Wir sind viele und wir beinhalten die Fülle des Daseins in unserem Mikrokosmos. Nahezu unvorstellbar und doch: irgendwann als Fötus durchlaufen wir rein anatomisch die unterschiedlichen Entwicklungsstufen. Für ein paar Wochen verlängert sich die Wirbelsäule und schmückt sich mit einem Schwanz. Früh in der biologischen Entstehung wird das limbische System geformt; das Reptiliengehirn tragen wir das ganze Leben im Schädel. Es ist nicht zuständig für die zivilisierten und höheren Reaktionen, sondern eher für die grundsätzlichen Emotionen, die das Überleben sichern. Für die fortgeschrittenen Verhaltensweisen ist der Frontalcortex zuständig.

Die Multidimensionalität ist vergleichbar mit der geologischen Vielschichtigkeit des Bodens. Noch ein spielerisches Symbol: für die vielseitige Veranschaulichung des menschlichen Daseins ist die Disco-Kugel mit ihren vielen Facetten ebenso hilfreich. Sie strahlt die unterschiedlichen Aspekte des Wesens ab und beleuchtet sie ständig neu. Die Vielfältigkeit der Teilaspekte ist an einem einzigen Punkt im Zentrum gebündelt. Das ist der Kern, der in den unterschiedlichen Ausdrucksweisen der Persönlichkeit zum Ausdruck kommt. Die Essenz bleibt gleich, sie ist unveränderlich im Gegensatz zu den Teilaspekten, die mehreren Metamorphosen unterliegen innerhalb einer Inkarnation sowie über die zahlreichen Verkörperungen.

Die Essenz ist der wesentliche Fokus innerhalb des Wesens. Diejenige, die das Potential über die vielen Leben beinhaltet. Sie konzentriert sich in einem Tropfen während der Verkörperung auf der Erde. Sie schillert durch den Tropfen in allen Farben und Nuancen. In der Tat sieht die Aura manchmal aus wie ein farbiger Tropfen.

Wir sind viele in dem Zeit-Raum-Kontinuum durch die unzähligen Inkarnationen und die vielseitigen parallelen Leben. Wir sind viele durch die dimensionalen Aufgaben, die wir in unterschiedlichen Welten durchführen. Wir sind vielfältig durch unsere psychologischen, emotionalen, körperlichen, geistigen und spirituellen Facetten. Wir sind viele durch unsere Rollen in der Gesellschaft, durch unser selbstgewähltes Dasein aber auch durch die äußeren Projektionen und auferlegten Verhaltensweisen. Wiederum sind wir viele, dieses Mal durch die mannigfaltigen Rollen, die wir innerhalb einer Inkarnation durchlaufen.

Bitte nehmen Sie sich in diesem Augenblick Zeit, um über die Fülle Ihrer persönlichen Rollen nachzudenken und um sie nachzuspüren. Was für ein Horizont öffnet sich vor Ihnen gerade jetzt? Erweitert es Ihr Selbstwahrnehmungsbild? Wenn Sie es gründlich erforschen wollen, betrachten Sie nicht ausschließlich die häufigsten Rollenaspekte, sondern auch die seltenen oder die neu auftauchenden. Ja, die, die es allmählich wagen nach außen zu kommen. Ich wünsche Ihnen eine faszinierende Zeit mit diesem tiefgründigen Einsichtsspiel. Es mag sinnvoll sein, ihre Beobachtungen aufzuschreiben.

Und wer sind Sie in der Essenz, wenn alle Muster sich verflüchtigen? Was bleibt? Wollen wir gemeinsam eine Übung durchführen?

e) Die Lösch - Meditation

Das Ziel dieses Experimentes besteht darin, die konkrete, materielle Welt aus unserem Blickwinkel für eine kurze Zeit zum „Verschwinden zu bringen". Gleichzeitig richten Sie Ihre Beachtung ausschließlich auf Ihre spirituelle Essenz.

Also genau das Gegenteil von dem, was Sie im Alltag machen.

Nun benutzen Sie Ihren Willen, um das Mobiliar unsichtbar zu machen. Der Raum, in dem Sie sich jetzt befinden, ist leer bzw. frei von Möbeln und von Tapeten. Das entscheidet Ihre Imagination mit Hilfe einer klaren Absicht. Optimal wäre es, wenn Mensch und Tier auch den Raum verlassen würden, so dass Sie ungeniert die Räumlichkeit nach und nach entleeren können. Möglicherweise bringt die Vorstellungsübung den Tag in Erinnerung, als Sie zum ersten Mal Ihren Wohnort gesehen haben: er war leer, frei von Möbeln, Tapeten, Vorhängen und allem, was Sie seitdem hineingebracht haben. Also reisen Sie bitte zurück zu diesem ersten Tag, an dem Sie damals in Ihre Wohnung hineinspaziert sind.

In diesem Augenblick machen Sie sich empfänglich für die Energie des Ortes, ohne Tisch, Stuhl, Kommode, Spiegel und alles andere, was in diesem Raum üblicherweise vorhanden ist.

Jetzt betrachten Sie das, dem Sie sonst kein Gewahrsein schenken: „Die Leere". Sobald Sie sich auf diese „Leere" einstellen, merken Sie, dass sie gar nicht so leer ist, wie sie auf den ersten Blick aussehen mag. Was finden Sie und empfinden Sie da? Machen Sie sich bitte mit allen Sinnen empfänglich, das heißt, mit Ihren Ohren, mit Ihren Augen, mit Ihrem Geruchssinn und Ihrem Geschmackssinn. Vielleicht spüren Sie sogar eine Wellenbewegung? An Ihrem Körper oder um Ihre Aura.

Physiologisch und energetisch kann es sein, dass Sie besser und tiefer atmen können und mehr Raum im Inneren sowie im Äußeren registrieren. Es mag sein, dass sich Ihre Aura ausdehnt, dass Sie ihre Dichte aber auch ihre Größe wahrnehmen. Vielleicht spüren Sie eine Befreiung, eine unausgesprochene Erlaubnis, Ihren wahren Platz einzunehmen. Oder sind Sie gleich riesig geworden? Omnipotent?

Es kann jedoch auch sein, dass Sie zu einem Funken Licht geschrumpft sind. Winzig und hoch konzentriert, schwanger mit allem Potential wie ein gebündelter Laserpunkt?

Oder gestatten Sie sich nicht den Luxus, Ihre materielle Umgebung aufzulösen? „Sie ist noch da" werden Sie mit Recht erwidern. Dann schenken Sie ihr wenig bis keine Aufmerksamkeit. Tun Sie, als ob der Raum leer wäre und achten Sie auf Ihre Wahrnehmung.

Vielleicht fühlen Sie sich hingezogen in ein Szenario, in eine Geschichte. Möglicherweise gewinnen Sie Einblicke in Hintergründe oder in Geschehnisse, die in diesen Räumlichkeiten stattgefunden haben. Alles gut und schön, aber in diesem Zusammenhang sind sie für uns belanglos. Und so verfahren Sie mit ihnen genauso, wie Sie das Mobiliar behandelt haben: „Entsorgen" Sie sie in Ihrer Vorstellungsfähigkeit. Dadurch schaden Sie gar nichts, sondern stellen eine andere Realität durch den Fokus Ihrer Aufmerksamkeit her.

Was Sie mit ihrer Umgebung geschafft haben, werden Sie nun mit Ihrem Körper durchführen. Sie sind nämlich nicht Ihre physische Erscheinung. Versuchen Sie Ihren materiellen Aspekt zu ignorieren. Dafür nehmen Sie bitte eine bequeme Haltung ein und entspannen Sie sich. Lassen Sie einfach den Körper da ruhen, wo er sich befindet. Gerade jetzt benötigen Sie ihn nicht. Alles was lebenswichtig ist, wird automatisch versorgt. Großartig, nicht wahr? Das ist doch ein guter Grund, um die Spannung loszulassen.

Sie können sich umso besser auf Ihre Gefühle konzentrieren. Aber, wie Sie schon geahnt haben, brauchen Sie auch sie in diesem Augenblick gar nicht. Sie können sie ausschalten oder ignorieren. Sie werden sich später wieder an sie wenden. Aber nun ist es Ihnen klar, dass Sie nicht Ihre Emotionen sind. Sie haben manche, die kommen und gehen. Sie sind also unbeständige Komponenten Ihrer Persönlichkeit. Und in diesem präzisen Zeitabschnitt sind sie so gut wie weg.

Und wie fühlt sich das an? Was nehmen Sie jetzt wahr an Ihrem Wesen? Vielleicht eine wachsende Ruhe oder Entlastung? Nein, noch nicht ganz. Es sind noch die unaufhörlichen Gedanken da. Oder sind sie schon viel ruhiger oder weniger geworden? Nehmen Sie ein wenig Abstand von ihnen, denn Sie sind auch nicht Ihre Gedanken. Ich weiß, das haben Sie auch schon gehört. Gerade jetzt haben Sie die Möglichkeit, diese Tatsache wirklich zu erleben. Sagen Sie sich bitte: „Ich habe Gedanken für kurze Zeit ausgeliehen. Jetzt entlasse ich sie aus meinem Gewahrsein. Später habe ich die Freiheit, ihren Faden wieder aufzunehmen oder nicht, wie es mir passt. Meine Beobachtungsgabe ist momentan intensiv und ausschließlich auf meine Essenz fokussiert. Nur das ist von Interesse für mich."

Aus einer gewissen Perspektive ist alles andere Ablenkung. Ist das das Theaterstück, das sich innerhalb meiner irdischen Inkarnation abspielt? Es ist auch ein wahres Kunststück, was jede / jeder von uns vorführt. Es ist hier keine Verachtung von mir, sondern unser Leben ist alles, was wir haben sowie unser wertvollster Beitrag zum Ganzen. Jedoch wollen Sie an diesem Zeitpunkt die Autorin / den Autor des Drehbuches kennenlernen!

Was kommt zum Vordergrund, wenn Sie alles ausschalten: vom Materiellen, zum Physischen, Emotionellen und Mentalen und Intellektuellen?

Vielleicht eine Qualität, die immer präsent ist, eine Identität, die sich bekannt anfühlt, der Sie aber selten begegnen. Heute wollen Sie sie von Angesicht zu Angesicht erleben. Unmittelbar.

So innig, dass Ihnen keine Worte dazu einfallen? Umso besser. Bleiben Sie bitte bei der Wahrnehmung. Was steht hinter meinem alltäglichen Leben? Wer ist der Regisseur, die Drehbuchautorin? Wo ist Ihr „Wahres Ich" hinter den ganzen Ablenkungen, Widersprüchen, Veränderungen?

Ist da jemand zu Hause? Leicht oder schwierig zu erreichen? Lassen Sie eher eine Stimmung hochkommen. Eventuell auch ein Symbol oder eine Mischung von beiden. Eine Qualität? Es mag auch sein, dass eine direkte Verschmelzung mit der Seele stattfindet oder dass Sie sich in einem mystischen Zustand befinden.

Oder kämpfen Sie noch mit dem Lärm in der Nachbarschaft, mit der Spannung im Körper, mit den Gedanken im Kopf? Trotz allem sind Sie stiller geworden auf allen Ebenen, zentrierter, ein wenig mehr bei sich. Das ist alles von großem Wert und Sie befinden sich auf dem richtigen Weg.

Hegen Sie bitte keine übertriebenen Erwartungen und keine Ungeduld. Sie wirken sich unproduktiv auf dieses Prozedere aus. Die Begegnung mit der Essenz kann wahrlich unzählige Gestalten annehmen. Meistens ist sie anders als erwartet. Sie können sie nicht programmieren. Die Verschmelzung mit dem Höheren Selbst entspricht nicht unbedingt den Beschreibungen aus manchen fantasievollen Federn.

Selbstverständlich ist es, dass die Begegnung der Persönlichkeit und der Seele vollkommen individuell ist. Vielleicht aufregender als man es sich je vorstellen könnte oder so selbstverständlich, dass ein unendlicher Raum sich aufmacht mit einer Fülle und einer Spanne an Möglichkeiten, die Ihnen zuvor versperrt war. Ist das alles in Ihrer Selbstwahrnehmung leicht abrufbar?

Vor allem geht es um ein Erleben und nicht um ein „darüber Nachdenken" oder gar eine Wunscherfüllung.

Am Schluss atmen Sie tief durch und strecken Sie Ihre Glieder aus. Beobachten Sie Ihre Umgebung: alle Möbelstücke sind vorhanden. Alles ist wie gehabt. Oder doch nicht? Ist Ihre Perspektive oder Ihr Blick nun etwas anders?

Der Kontakt zur Seele darf durchaus wiederholt und vertieft werden. Und wie alles im Universum wird jedes Ereignis einmalig sein. Bitte nicht vergleichen. Das ist eine sakrale, eine einzigartige Begegnung.

f) Authentizität

Je mehr die Konfrontation mit dem wahren Kern stattfindet, desto dringender wird der Ruf der Seele nach Klarheit und Übereinstimmung zwischen den Teilaspekten und der Essenz.

Eine andere Betrachtung bietet sich, die mit der Zeit durchdringender, einleuchtender wird. Damit meine ich sowohl den nach verinnerlichten Prozessen gerichteten Blick sowie den, der die äußeren Zusammenhänge einordnet.

Das Wahrheitsscannen der Seele, wie man diese beidseitigen Prozesse nennen könnte, räumt immer weniger Platz für Dinge ein, die nicht im Einklang mit dem Wahrhaftigen sind. Die Authentizität fordert ihren Tribut! Der innere Ruf nach innerer Übereinstimmung mit dem wahren Kern wird unüberhörbar. Der Drang ihr zu folgen unausweichlich. Die individuelle Wahrhaftigkeit mit dem Selbst als Maßstab lässt sich spüren auf allen Ebenen und orientiert die Persönlichkeit auf ihrem Weg.

Irgendwann kommt die letztere in einen Engpass mit den Einschränkungen mancher äußeren Erwartungen, Regeln oder Gesetze. Irgendwann wird der Konsens mit seinen Rollen und formatierten Spielregeln zum widerspenstigen Rahmen, der gesprengt werden will oder der inspirierende Anreize und Umwege aus dem kreativen Geist herauslockert. Das zeichnet den Prozess der Individuation aus.

„Wie kann ich mir treu bleiben, wie kann ich meinem Weg folgen und meinem Platz in dieser Welt gerecht bleiben?"

„Wie viel Einengung soll ich dulden?"

„Inwiefern kann ich mir leisten, die Spielregeln der Familie, der Freundschaft, des Bekanntenkreises und der Nachbarschaft zu übertreten, gar zu brechen, indem ich meinen wahren Weg gehe?" Gesegnet ist diejenige / derjenige, die /der Eleganz und Harmonie an den Tag legt, alle zufrieden stellt, ohne sich zu verleugnen. Mutig aber ist diejenige / derjenige, die / der sich in ihrer Andersartigkeit behauptet, ohne Abstriche zu machen.

Waghalsig ist diejenige / derjenige, die / der es wagt, sich durchzusetzen, um einen neuen Pfad zu eröffnen.

Meistens gibt es mehr Spielraum als wir anfänglich annehmen und vor allem größeren Anklang als manchmal registriert wird. Trotz Widrigkeiten gilt es die Auslauf-Möglichkeiten voll auszuschöpfen und die befreienden Mäander zu entdecken oder neu zu erschaffen. Ich begegne einigen Menschen, besonders Frauen, die eine Art Autozensur in ihrem Denken und ihrem Verhalten eingebaut haben. Sie erzählen mir Dinge, die ihnen offensichtlich am Herzen liegen. Dann kommt eine stereotype Äußerung, die so lautet: „Das könnte ich aber nie meinem Mann, meiner Mutter, meinem Chef erzählen", oder sogar „Nur dir kann ich so etwas erzählen". Natürlich ist es sinnvoll, die angebrachte Kommunikation mit dem entsprechenden Umfeld zu pflegen. Selbstverständlich erzählt man nicht undifferenziert, was man auf dem Herzen hat. Aber warum dieser Satz der Frauen, der ihnen den Hals zuschnürt? Er ist ein Klischee. Er widerspiegelt ein Verbot, das von der Gesellschaft kommt: „Das sagt man nicht, das ist verpönt, das gibt es nicht und das ist falsch". Diese Aussage symbolisiert die Verinnerlichung einer subtilen Kontrolle in den Köpfen, einer Einschränkung der kognitiven Fähigkeiten. Es gebe sogar eine Studie mit Statistiken zum unausgesprochenen Verbot, bestimmte Dinge zum Ausdruck zu bringen unter jungen Menschen. Fernsteuerung des Denkens und kognitive Kontrolle: die Wahrheit ist so und nicht anders. Es gibt im Internet eine bekannte „Institution", die damit beschäftigt ist, die Wahrheit zu definieren und zurecht zu schneiden: Wehe wer anders denkt! Lesen wir nochmals 1984 von George Orwell und befreien wir uns vom Denkkorsett.

Jetzt ist es Zeit die Zwangsjacke, die sich im Gehirn eingeprägt hat, auszuziehen, die eigenen Gedanken zu denken und sie nach gutem Ermessen zu teilen. In den meisten Fällen entdeckt man mit Staunen, dass das angebliche Verbot gar nicht so kraftvoll ist, wie man es ihm durch die Angst zugeschrieben hat. Nehmen wir uns die Freiheit, die uns in einer Demokratie zusteht. Es ist imperativ, dass wir es tun, sonst schwindet die Demokratie wie ein untätiger Muskel, der lange nicht benutzt wird bis Lähmung eintritt.

Es liegt an der eigenen Kreativität, erfinderisch zu sein, unbetretene Räume zu erblicken, sie abenteuerlich einzuweihen mit progressivem Denkvermögen und mit wagenden Schritten zu betreten.

Die Seelenaufgabe, die Einzigartigkeit des eigenen Pfades zum Ausdruck zu bringen, ist das Leitmotiv jeder Inkarnation. Stehen Sie bitte gerade und nehmen Sie Ihre wahre, natürliche Größe an, ohne egozentrische oder auferlegte Mine und Gebärde. So wahrhaftig und großartig wie nur Ihre Essenz sein kann.

g) Kraft und Wichtigkeit des einzelnen

Die persönliche Eigenständigkeit bedeutet in aller Klarheit und Einfachheit, seinen ewigen, grenzenlosen Aspekt verantwortungsvoll auszuleben. Einerseits ist es notwendig, um das eigene Leben in Einklang mit der Essenz zu bringen.

Andererseits ist es genauso wichtig, die planetarische Tragweite jenes Individuums zum riesigen Organismus zu erkennen. Der persönliche Beitrag einer einzelnen Zelle ist vergleichbar mit den unzähligen Lebewesen, die die Korallen-Riffs bilden. Jede Einheit trägt eine implizite Verantwortung der Gesamtheit gegenüber.

Wenn jede / jeder anstrebt im Fluss mit sich zu sein - jede auf ihre ganz individuelle und kreative Art - entsteht eine Bewegung, die sich als evolutionärer Einfluss auf das Gesamte auswirkt. Von innen heraus, von unten nach oben, Schritt für Schritt im eigenen Tempo. Das sind die Merkmale einer Yin Evolution, die nichts abhalten kann, weil sie organisch und im Einklang mit dem großen Ganzen ist. Sie steht entgegengesetzt zum autoritären Zwang, der immer wieder „das große Glück oder die endgültige Befreiung" verspricht. Um sich gleich in dieselben Verstrickungen und Lügen zu verwickeln, wie diejenigen, die sie kurz vorher gestürzt hat.

Nehmen wir die Zügel fest in die Hand, die unsere Selbstbestimmung und unser Selbst-Gewahrsein als Seele steuern. In diesem Stadium der Transformation ist es eine dringende Entscheidung, die ein unvermeidliches Voran-kommen für beide, Individuum und Gesellschaft, bedeutet. Worauf warten wir denn? Der Anstoß kann keineswegs von außen kommen, sondern ausschließlich aus dem inneren Impuls, Menschengerechtes in Harmonie mit der Natur, mit dem Himmel und mit der Erde zu erschaffen.

TEIL 2: MEIN ZUKÜNFTIGES SELBSTBILD

a) Werden, wer ich wirklich bin oder wer ich gerne wäre?

In einer Welt, in der angeblich „everything is possible" (alles ist möglich) gilt, würde es so scheinen, als ob ich meine gegenwärtige Identität beliebig nach meinen Wunsch-vorstellungen austauschen könnte.

Offensichtlich sind verschiedene Fachrichtungen darin spezialisiert, entsprechende Eigenschaften und Fähigkeiten zu beeinflussen, zu entwickeln oder zu manipulieren.

Die Mode, die Kosmetikbranche, die ästhetische Chirurgie, die Unterhaltungsindustrie, die Medien inklusive die Sozialmedien widmen diesem Ziel ihren Einfluss. Jede in unterschiedlichem Umfang aber recht tüchtig und auf eine Weise, die kaum von der allgemeinen Öffentlichkeit bewusst registriert wird. Man meint, es sei einfach normal so zu sein oder sich so zu verhalten und so auszusehen. Der Herdentrieb des Menschen wird da hervorragend gestaltet. Deshalb sehen fast alle Jugendlichen ähnlich aus, aber auch die Älteren untereinander. Manche Frauenkörper scheinen sehr empfänglich zu sein für das Massen-Modellieren.

Die Psychologie spielt eine beträchtliche Rolle, indem sie Hand in Hand mit der Werbung arbeitet. Sie bietet unterschiedliche Formatierungsmethoden, von der Verhaltenstherapie bis zu Erfolgsseminaren an. Das Aufstülpen einer Eigenschaft oder eines Könnens, die nicht Teil des Wesens sind, hat mehr zu tun mit Täuschung als mit Heilen im Sinne von wieder ganz werden. Es fehlt an Authentizität und entspricht eher einem Rollenspiel.

Affirmationen, unterstützt von gezielten Absichten und Arbeit an sich selbst, bringen einen weiter, insofern die notwendigen Fähigkeiten zugelassen und Einsichten gefördert werden. Allerdings muss die Affirmation wirklich von der inneren Wahrheit angenommen werden.

Jedoch kann ich nicht werden, wer ich in der Essenz nicht bin. Sogar Schauspieler, die lernen, sich zu verstellen und in allerlei Rollen hineinzuschlüpfen, können nicht alle möglichen Bühnen-Gestalten übernehmen und glaubwürdig vertreten.

Wenn Täuschung vorhanden ist - Selbsttäuschung sowie Täuschung anderer, bewusst oder unbewusst -, verlangt die mangelnde Übereinstimmung zwischen innen und außen, früher oder später ihren Tribut. Echtheit oder synchron sein mit dem eigenen Wesen ist immer entscheidend, denn die Wahrheit sickert früher oder später durch.

Die Verdrängung der wahren Qualitäten kostet viel Kraft und fälscht Beziehungen sowie Ereignisse, die durch Unstimmigkeit angezogen werden. Ein Unwohlsein lässt sich spüren, vielleicht bis zu psychosomatischen Beschwerden.

Mein zukünftiges Selbstbild entsteht also nicht aus einer vorübergehenden Laune, sondern aus der tiefgründigen Konstellation, die mich ausmacht. Holographisch wächst es aus dem Kern heraus wie der Eichenbaum aus der Eichel. Es entsteht aus der Interaktion mit der Zukunft: wer ich sein werde, wenn ich mich auf diesen Pfad projiziere. Auf jeden Fall reihen sich Lebenssituationen, Zufälle und vorhersehbare Ereignisse, die sich als notwendig für die Entwicklung erweisen, aneinander.

b) Seelenaufgabe, Seelenstrahl, Variantenräume und Zukunft

„Was wird wohl mit mir?" „Wohin soll ich?" „Wozu bin ich da?" „Was ist der Sinn der ganzen Sache überhaupt?" „Was ist das Ziel und der Zweck meines Daseins?"

So viele Fragen, die in die Weite schweifen: echte, berechtigte Fragestellungen, die voranbringen. Überlegungen, die der Selbsterkenntnis dienen und der Auseinandersetzung mit der innewohnenden treibenden Kraft. Die Entelechie unterstreicht den Sinn und das Ziel des Vitalprinzips. Aus diesem Standpunkt ist der Zweck des Lebens Entfaltung von innen nach außen, was wiederum erneut aufgenommen wird, um neu gestaltet zu werden. Die bildliche Darstellung zu dieser Erläuterung entspricht einer Torus-Form in Bewegung von innen nach außen und umgekehrt.

Die Absicht des Lebens wird von der Seele übernommen: sie kennt das Wohin. Sie beinhaltet die Erinnerung an die Abmachungen und an die Gründe der Inkarnationen. Zum Zeitpunkt der Geburt vergisst sie die Persönlichkeit. Dann folgt die vollkommene oder teilweise Amnesie. Und so scheint der

Mensch im Dunkel herumzutapsen auf der Suche nach dem Warum, Wozu, Wohin.

Unsicherheit und Zweifel führen zu Umwegen und manchmal zu irreführenden Pfaden. Doch ist keiner dieser Schritte umsonst oder gar ein Fehler. Nein, solange jede Umwandlung als Lernauftrag betrachtet wird. Solange sie als Quelle der Einsicht und der Erkenntnisse dient. Wichtig ist es den Fehlschritt oder, was als solcher erkannt wird, nach und nach zu korrigieren. Förderlich ist es jeden Schritt zu ehren, auch wenn einer sich im Nachhinein als nicht besonders klug entpuppt. Auf keinen Fall sollte man seine Vergangenheit verdammen. Hat man nicht damals sein Bestes getan oder gegeben? Das wäre zu hoffen. Problematisch wird es, wenn die Persönlichkeit sich weigert, die Fehler zu erkennen. Der Mangel an Einsicht als Dauerhaltung wird den inneren Frieden beeinträchtigen, bis das Gleichgewicht wiederhergestellt wird. Wer die höchsten Regeln, nämlich die kosmischen, missachtet, wird den Gleichklang bis in seinem Wesen vermissen und er wird sich früher oder später auf ihre Suche begeben müssen. Beim Spiel des Lebens kann keiner verlieren. Es gibt keine verschwendete Zeit oder ein Leben ohne Sinn und Grund. Das bedeutet lange nicht, dass es jenseits der Spielregeln gespielt werden darf. Im Gegenteil: mit Erfahrung und Wissen wachsen die Verantwortung und der Wille, die Sprache der Seele kennenzulernen, sowie die kosmischen Gesetzmäßigkeiten zu respektieren. Viele davon werden in mystische und spirituelle Kodexe niedergeschrieben. Darüber hinaus sind sie maßgeblich im Denken / Fühlen - Anteil jedes Menschen, in seinem

Gewissen und seinen Erkenntnissen und genauso in seiner Selbstreflektion verankert. Tief im Inneren weiß doch jede / jeder, wenn sie / er nicht in Übereinstimmung mit seinem Wesen handelt oder gehandelt hat.

„Lebe ich im Einklang mit meiner Seele?"

„Lebe ich im Einklang mit meiner Lebensaufgabe?"

„Bin ich die oder der, die / den ich in die Welt projiziere? Bin ich eins mit mir?"

Nun geht es hier nicht nur um eine grundsätzliche Selbsterkenntnis, sondern um das Kreieren eines weiteren Persönlichkeitsbildes in Übereinstimmung mit dem Höheren Selbst. Es ist angebracht zu erkennen, was bis jetzt angestrebt worden ist, und sich als nicht mehr gültig, sinnvoll oder erfüllend erweist.

Die Lehre der Seelenstrahlen liefert Hinweise sowie Astrologie, Numerologie, Aura-Lesen, Chiromantie und weitere Erkenntniswissenschaften. Die Seelenbestimmung drückt sich durch den Ausdruck von Talenten und Begabungen aus, die mit Freude und Erfüllung gekrönt werden. Die Sprache der Seele - was man gut kann, tut man mit Freude - bestätigt den Eindruck, am richtigen Ort, zur passenden Zeit und mit der stimmigen Aufgabe beschäftigt zu sein.

Hier sind wir an dem Punkt angelangt, wo wir uns wieder neue Aufgaben stellen, wo Erneuerung nötig oder angebracht ist. Die Motivation ist freiwillig und inspiriert, im Gegensatz zu einem äußeren Druck, wie z.B. einem wirtschaftlichen. Diese Gelegenheit taucht auf, wenn das, was bis jetzt angebracht worden ist, sich als nicht mehr gültig, sinnvoll oder erfüllend erweist.

Dafür wird man sich stets an die Seelenführung wenden und sie deutlich um Hilfe bitten. Man wird auch ein großes JA zur Seelen-Mission immer wieder aussprechen und sich bildlich und gefühlsmäßig zukünftige Entwicklungen vorstellen. Neue Drehbücher werden geschrieben mit den Sternen als Ziel aber bitte mit dem Boden als Ausgangspunkt, sonst ist es reine Fantasie, die nirgendwohin führt und die echte Aufgabe schlussendlich übersieht.

In manchen Traditionen wird das Erinnern hoch angesetzt. Dieser Ansatz stellt eine faszinierende Betrachtung des menschlichen Weges dar. Er besagt, der Mensch hat nichts zu lernen. Sondern seine Aufforderung ist das Erinnern. Es besteht darin, die Erinnerung an die zwischen Seele und Persönlichkeit getroffenen Abmachungen vor der Inkarnation aus dem Gedächtnis hervorzurufen. Die Erinnerung an das Vorhaben zeichnet den Weg in die Zukunft.

Entgegengesetzt dazu ist die schamanistisch inspirierte Vision wie von Romuald Leterrier und Jocelin Morisson beschrieben in ihrem Buch „Se souvenir du futur" („Sich an die Zukunft zu entsinnen"). Die Antwort zu der jetzigen Frage liegt nicht in der Vergangenheit, sondern sie wird in der Zukunft erspürt. Die Gegenwart antwortet nicht auf „Was soll ich tun?" in Bezug auf das „Woher", sondern auf das „Wohin". Die Zukunft selbst weiß, wohin ich will. Ich kann mich an sie wenden. Sie wird sich durch Synchronizitäten, Zeichen und Inspiration kennzeichnen und den Weg zu den auf der vorhandenen Zeitlinie existierenden Weiterentwicklungen ebnen. Ich kann beispielsweise Visionen in meinem geistigen Auge wahrnehmen. Ich lasse sie auf mich zukommen. Gleichzeitig betrachte ich, wie erfüllend oder ungeeignet sie sich in meiner Aura anfüllen. Sie werden mit mir auf eine einzigartige Weise kommunizieren. Es kann sogar sein, dass ich unstimmige Bilder - oder nicht mehr passende Vorstellungen - anziehe. Durch die mangelnde Resonanz oder gar das Unbehagen wird es ersichtlich, dass sie nicht (mehr) meine sind. Dieses Fühlen erleichtert die Einsicht und daher die Entscheidungen. Vielleicht waren sie nie die Meinen, sondern Projektionen vom familiären, beruflichen, gesellschaftlichen Umfeld.

Andersrum habe ich eine Inspiration empfangen, in Form einer unbekannten Frau, die viele positive Eigenschaften besitzt, manche davon, die mir nicht geläufig sind. Eine Art „Ideale Frau" oder ein imaginäres Vorbild. Sie hat mich öfters in meinen Träumereien besucht. Ich habe sie bewundert und dann vergessen. Dann tauchte sie sporadisch auf, bis ich sie zur Fantasiewelt verdrängte. Tatsächlich geriet sie in Vergessenheit, bis ich spontan einsah, dass sie mich die ganze Zeit voranbrachte und mir half aus meiner pathologischen Scheu herauszuwachsen und andere Hindernisse zu überwinden. In der Tat werde ich immer mehr zu dieser Frau, obwohl ihre Vollkommenheit noch weit entfernt ist. Jedoch bin ich ihr dankbar für den Mut und die ideelle Kraft, die sie mir durch ihre Präsenz einflößt. Ich danke ihr für die utopische und imaginäre Anziehungskraft, die sie jahrzehntelang auf mich ausgeübt hat. Die Kraft der Imagination, die zur Realität wird, enthüllt sich durch die Erkenntnis: „Eigentlich bin ich diese Frau!" Da ich ihre Vollkommenheit längst noch nicht erreicht habe, wirkt sie weiterhin als Streben zur Erfüllung der Vision.

Zum Schluss würde ich gern eine Bach-Blüte empfehlen, die eine doppelte Aufgabe erfüllt. Sie hilft einem, besser im Einklang mit der eigenen Seele im hier und jetzt zu sein und gleichzeitig fördert sie die Wahrnehmung des Ziels. Die Authentizität als gegenwärtige Übereinstimmung zwischen Persönlichkeit und Seelenauftrag ist nämlich die Voraussetzung für die geeignete Resonanz in den kommenden Zeiten. Die Zukunft kann nur stimmig und erfüllend sein, wenn ich in der Gegenwart im Einklang mit der kosmischen Ordnung bin oder mindestens danach strebe und mich darum bemühe.

Diese Bach-Blüte heißt „Wild Oat", der wilde Hafer und sollte angewendet werden, wenn man auf der Suche nach dem geeigneten Weg ist.

c) Freiheit innerhalb des Seelenkontrakts

Diese Themen mit Seelenbestimmung und Ähnliches mögen einem den Eindruck verleihen, dass alles vorbestimmt ist und dass der Mensch nichts anderes zu tun hat als sich zu bücken, sich dem Zwang unterzuordnen und den „Seelenvorschriften" zu folgen. Aus dieser Perspektive scheint es, als ob die einzige

Daseinsberechtigung dieses menschlichen Wesens die Ausführung eines fremden, undefinierbaren Willens wäre. Und dieser unerreichbare Plan besitzt stets das letzte Wort über sein Glück, seinen inneren Frieden, seine Entfaltung und seinen Erfolg.

Nach meiner Auffassung ist die Persönlichkeit, der sich auf der Erde verkörpernde Anteil, direkt bei den Abmachungen mit der Seele vor der Inkarnation mitbeteiligt. Lernaufgaben, Begabungen, Talente und Veranlagungen aller Art werden in Anbetracht der Verhältnisse der vorigen Leben getroffen und mit der Absicht Gleichgewicht wiederherzustellen. Die Natur strebt stets nach dem Ausgleich der Kräfte. Ein Überschuss oder ein Mangel in einer Inkarnation wird - im Einklang mit dem Höheren Selbst der Person - nach Gleichgewicht in der nächsten oder in einer der nächsten rufen. Es wird nichts dem Zufall überlassen, sondern alles folgt konsequenten und im Grunde genommen einfachen energetischen Regeln. Es gibt also kein großes Geheimnis. Karmische Zusammenhänge sind auch keine Bestrafung. Es ist wichtig dieses Missverständnis zu klären. Das Universum ist kein Straflager. Verzerrende Einflüsse (Macht, Kontrolle, Manipulation) und negative Konstellationen sowie überholte Glaubenssätze erschaffen das Leidenstal auf der Erde. In der Tat missbrauchen sie den Begriff von Karma und andere natürliche Gesetze, um Angst zu erzeugen, Strafen zu erteilen, Leute zu verfolgen, zu verbrennen und Kriege zu führen. Ihr Vorhaben liegt darin, den Menschen klein, begrenzt und ignorant gegenüber den größeren Zusammenhängen zu halten.

„So selbstverständlich kann es doch nicht sein" wollen Sie gleich einwenden!

„Schauen Sie, wie die Menschen im Dunkel herumtapsen und auf Hilfe, Bestätigung und Führung angewiesen sind!"

In der Tat, so sieht es aus auf den ersten Blick. Das ist die Auswirkung der großen Amnesie, die den Schleier der Vergessenheit auf alle ursprünglichen Abmachungen wirft, sobald der Mensch auf der Manifestationsebene inkarniert.

Das Gesetz und die Aufgabe der Erinnerung werden jetzt nachvollziehbar in ihrem gesamten Umfang. Eigenforschung, Selbst-Entdeckung, Begeisterung für das Leben und die Kreativität, die Verbindung zur Seele, der Kontakt mit der Intuition und eine Übersicht der Zusammenhänge ermöglichen tiefe Einsichten in die Lebensaufgaben, wovon wir Mitschöpfer sind, im Gegensatz zur Verherrlichung des Opferseins. Und wie fühlt sich das an? Spüren Sie inne, wie sich die Eigenkraft entfaltet und wie Ihre wahre Größe sich meldet! Das nennt man „Empowerment" und die Experimentierfreudigkeit entfacht sich sofort!

Unsere Existenz ist mit einem Buch vergleichbar. Das Format ist durch die Größe des Werkes und die Anzahl der leeren Blätter gegeben. Der materielle Aspekt wird festgelegt durch die karmischen Regeln, die ich zuvor beleuchtet habe. Das ist die Ausgangslage, mit der wir in diesem Leben arbeiten oder spielen wollen. Das selbst auferlegte Karma bildet den Rahmen der kreativen Strategien, die wir entwickeln wollen, einerseits um den Karma-Ausgleich zu schaffen, andererseits um die schöpferische Natur unseres Wesens innerhalb des vorgegebenen Musters zu entfalten.

Je besser es uns gelingt, den festgelegten karmischen Rahmen anzunehmen, desto mehr Freiheit und Schöpferkraft empfangen wir aus dem Kosmos. Das Annehmen ist ein Akt der Hingabe an das Leben mit Selbstverantwortung, Aufrichtigkeit, Lebensmut sowie spirituellem Mut. Das ist die Basis für die Spielregeln des kreativen Impulses, wonach das eigene Leben mit der Gabe des freien Willens gestaltet wird.

Und jetzt wird das Geschenk des Karmas in Form des eigenen Lebensbuches mit den passenden Farben koloriert und die leeren Seiten mit der richtigen Schrift beschrieben. Wir sind die freien Autoren der Texte, die im eigenen Lebensbuch niedergeschrieben werden: die Länge, die Absätze, die fehlerfreie Grammatik oder die fantasievolle Rechtschreibung, die zahlreichen Abbildungen oder die karge Auflage und natürlich der Inhalt der Schrift. Diese kann tief, gründlich, verworren, unverständlich, philosophisch, überlegt, oberflächlich, sinnlos, lustig sein und vieles mehr. Diese Grundstimmung fungiert als Spiegel der Art und Weise, wie die Person ihre Inkarnation führt und erlebt.

Mit dem freien Willen gestalten wir das Buch unseres Lebens während des ganzen inkarnationellen Prozesses bis zum Ende und weiter. Wir waren mitbeteiligt an dem Festsetzen der karmischen Bedingungen und sobald wir im verkörperten

Zustand auf der Erde verweilen, tragen wir in jeder Sekunde dazu bei, ob bewusst oder unbewusst. Wir tragen die Verantwortung für das gesamte Buch: Format und Inhalt. Und wer behauptet noch, „wir können nix machen"?

Nirgends in diesem Buch steht es geschrieben, welchen Job und welches Gehalt wir haben sollten oder was wir essen und in welchem Land wir leben sollten. Das sind keine karmischen Festlegungen. Dafür gibt es Gelegenheiten, Zusammenspiele von Ereignissen, Tendenzen und Resonanz. Nirgends stehen Einzelheiten über die genaue Durchführung unseres Lebens, sondern sehr viel Freiheit steht uns zur Verfügung, wie wir erledigen wollen (Dharma), was wir zu tun haben (Karma). Diese Gesetzmäßigkeit gilt auch, wenn die materiellen Möglichkeiten tatsächlich eingeschränkt sind. Denn die Freiheit liegt im Geiste, in der Perspektive, wie wir das tun, was wir zu tun haben: die Stimmung, die Motive und vor allem die Absichten. Damit können wir über unsere Lebensführung reflektieren und sie nach Bedarf bereinigen, optimieren und im Einklang mit dem höchsten Gut bringen. Diese Maßnahmen, die ein Leben lang wiederholt geübt werden, führen zur Zufriedenheit und Erfüllung, weil der Einklang mit der eigenen Seele und mit der Weltseele das erhabenste Streben darstellt.

Darüber hinaus verfügen wir über die Freiheit die inneren, stimmigen Weichen zu stellen, und zwar mit Sorgfalt und Verantwortung aber auch mit künstlerischer Harmonie und Schönheit. Die richtige Einstellung zieht dann die passenden Ereignisse und Gelegenheiten nach sich. Dadurch können wir aus der Fülle wählen mit Genuss, Achtsamkeit und Dankbarkeit. Das Leben ist wie ein Buffet, wovon man sich mit Nachsicht bedienen darf und soll. Jedoch klingt der pauschale „Spruch" „everything is possible" so oberflächlich wie ein Werbespot. Auch beim all inclusive Buffet werde ich mich nicht übermäßig aus Köstlichkeiten bedienen, die ich nicht verdauen kann. Unterscheidungskraft ist immer gefragt. Darüber hinaus trifft es nicht, insofern, dass ich als Seele mir einen bestimmten Rahmen vorgenommen habe in Form selbstgewählter karmischer Formeln. Sie fokussieren das Streben der Seele innerhalb des vorgegebenen Lebensrahmen. Er beinhaltet meine Veranlagungen, meine Begabungen, meine Unzulänglichkeiten sowie bestimmte Aufgaben und Erlebnisse, die erforderlich sind für mein Gewahrsein. Die Übereinstimmung mit meinem Weg ist wertvoller als das „alles haben".

Grundlegend ist die Ausübung der Freiheit, der Verantwortung und des freien Willens innerhalb der selbst gestellten Regeln. Diese wiederum sind ein Zeichen und eine Bedingung der menschlichen Größe und des inneren Friedens.

d) Relativieren

Die Seelen-Anforderungen sind eine Einladung zur Erfüllung der Evolution. Sie stellen die wahren Aufgaben unseres Lebens dar. Sie sind das Ziel und der Zweck unseres Daseins. Sie sind sinngebend und bedeuten tiefe Dankbarkeit und Erfüllung.

Auf dem Planeten Erde, dem Ort unserer momentanen Inkarnation, herrscht eine breite Palette an Möglichkeiten. Von den besten zu den abscheulichsten. Die Erde ist Paradies und Hölle zugleich, abhängig davon, wo unsere Frequenz angesiedelt ist. Hier können sogar kosmische Gesetzmäßigkeiten gebrochen werden: Leben kann zerstört werden, ethisches Verhalten verhöhnt und der Seelenruf ignoriert. Auch wenn das alles wohl gegen die universelle Regel ist, ist es auf Erden dennoch machbar. Diese Verstöße tragen wie alles andere Konsequenzen mit sich. Resonanz wirkt nach dem Prinzip „Gleiches zieht Gleiches an". Diese Erfahrung ermöglicht die Konfrontation mit den Abweichungen.

Aber die Auseinandersetzung mit den Gesetzen stellt eine große Chance dar, insofern, dass die Seelen-Freiheit ausgeübt wird. Sie ist da, um angewendet zu werden und um uns auf dem Weg der Weisheit und der Individualität voran zu bringen, indem unsere Entscheidungen immer differenzierter und verantwortlicher werden.

Diese vielen Möglichkeiten sind da, um den freien Willen zu betätigen. Wie viele Gelegenheiten haben wir Entscheidungen zu treffen innerhalb eine Stunde? Beobachten Sie genau, wie Sie automatisch funktionieren oder wie achtsam Sie in jedem Moment sind. Wenn Sie wirklich präsent sind, bietet jeder Augenblick verschiedene Alternativen zu unserem Wohle oder zum Gegenteil. Das ist der mikroskopische Blick, der eine Türe innerhalb einer Türe öffnet und somit neue Horizonte entstehen lässt in unserem alltäglichen Dasein.

Jetzt aber bitte zurück zur makroskopischen Sicht. Die Aufforderungen der Seele mögen sehr deutlich und aufdringlich werden: sie müssen ja gehört werden, damit die Inkarnation abläuft, wie sie es beabsichtigt hat. Die Bedingungen sind ausschlaggebend für die Fortschritte der Seele und das Gleichgewicht innerhalb der gegebenen Existenz.

Und dennoch werden die irdischen Umstände mit einbezogen. Es geht nicht um Perfektion, es geht nicht um menschliche Urteile und Bestrafungen, es handelt sich auch nicht um Wettbewerb oder gar um Vergleich mit anderen Menschen oder Maßstäben.

Dieses karmische Spiel ist eine ganz individuelle Sache im engen intimen Verhältnis mit der eigenen Seele: das ist der Prozess der Individuation wie von C.G. Jung beschrieben. Innerhalb des Einklangs mit der Weltseele existieren persönliche Umstände, die nach Maß abgestimmt sind, um den individuellen Konstellationen zu entsprechen.

Da die meisten Menschen nicht über ihre eigene Lernaufgabe Bescheid wissen und noch weniger über die ihrer Mitmenschen, ist jedes Urteil in der letzten Analyse vergebens. Was hat tatsächlich jeder zu tun, zu lernen, auszugleichen in der momentanen Inkarnation? Einsicht zu entwickeln über die tiefe Seelen-Motivation stellt bei einem Selbst so eine wichtige Anforderung, dass wenig übrigbleibt, um die Handlungen Anderer zu bewerten und sich ständig einzumischen. Meine

Annahme ist, dass (fast) jeder sein Bestes tut innerhalb der Grenzen seines gegenwärtigen Bewusstseins.

Es gibt Bemühungen, die nicht so erfolgreich sind, wie wir es wünschen oder beabsichtigen, es gibt Entwicklungen in unseren Leben, die hätten liebevoller, sinnvoller, konstruktiver sein dürfen, als sie geworden sind. Das sind lehrreiche Lernprozesse, wenn wir sie so gebrauchen wollen, um von Fehlern zu lernen. Tagtäglich bekommen wir neue Chancen, um nochmals zu üben oder um die Handlung zu verbessern.

Auf keinen Fall ist ein Aufseher am Spionieren, auf keinen Fall ist eine Bestrafung als Preis zu zahlen. Solche Bedrohungen sind Kontrollinstanzen und Angst einflößende Strategien, um das Herrschen über die Menschen als Institution zu etablieren und den Status quo aufrechtzuerhalten. Sie sind keine spirituelle Gesetzmäßigkeit. Die Ewigkeit hat Zeit. Aus einer breiteren und höheren Perspektive zieht die Seele selbst Schlüsse über ihr letztes Leben auf der Erde. Wieder einmal wird sie abwägen, was noch erlebt werden will, um auf ihrem Pfad voran zu schreiten. Ausgleich ist das Ziel innerhalb der karmischen Zusammenhänge der gesamten Seelenreise.

Nach der Inkarnation, das heißt in dem exkarnierten Zustand, ist die Sicht großzügiger, aber auch eindringlicher und genauer, was die Motivationen und die Absichten betrifft. Und vor allem, das möchte ich betonen, die ganz individuelle Konstellation ist ausschlaggebend.

Es soll hier keine Ermutigung sein, die kosmischen Gesetze leicht zu nehmen, zu ignorieren oder zu verletzen. Im Gegenteil: die Anbindung zur Seele und die Übereinstimmung mit ihren Aufforderungen sind eigentlich die Absicht des Lebens und die Quelle der Erfüllung. Es ist das höchst Anstrebbare und das am meisten Erfüllende in der Essenz einer Inkarnation. Und ich kann nicht zustimmen, wenn ich höre: „Wenn ich mich nicht mit spirituellen Dingen beschäftige, wird es mir schlecht gehen." Die Seele übt keine Erpressung aus. Der Wille zur Entscheidung wird respektiert, bis der innere Drang sich zur richtigen Zeit spüren lässt.

Die Ewigkeit hat Zeit, die Ewigkeit lässt den Fluss fließen. Sie weiß, dass das Süßwasser sich unabdingbar in den Ozean ergießen wird. Die Beachtung der kosmischen Verbindungen ermöglichen uns vielleicht toleranter und großzügiger zu sein mit uns selbst und miteinander. Nein, ich muss nicht alles erlebt haben in diesem Leben. Schön, dass nicht alles möglich ist! So kann man friedlicher einschlafen am Ende des Tages oder am Ende der Inkarnation. Denn Frieden schließen mit sich, mit anderen, mit den Umständen und mit der Welt, steht ganz hoch beides, als Seelen-Priorität aber auch für jeden Menschen. Das Relativieren fällt einem leichter.

TEIL 3: SCHRITTE ZUR VERÄNDERUNG

a) Der innere Impuls als Auslöser

Der Mensch ist ein bequemes Tierchen. Auch das Tier mag eigentlich keine Veränderung. Daher ist die Kraft der Gewohnheit ein mächtiger Zwang, der die Routine, die Wiederholung in das Weiterbestehen des „wie üblich" oder des „wie sonst immer" einbettet. Diese Qualität bildet die Beständigkeit, die natürlich für den Alltag notwendig ist.

Jedoch bedeutet Veränderung gerade, dass ein Bruch in dem normalen, üblichen Ablauf eintritt und Umbruch ankündigt. Dafür ist ein Zeichen notwendig, um als Auslöser die Erkenntnis anzuregen, dass sich etwas Neues anbahnt.

Manchmal scheint der Auslöser von außen und ohne Warnung aufzutauchen. Obwohl es tatsächlich vorkommen kann, wie bei manchen Unfällen, Gewalttaten oder Auswirkung einer höheren Macht. Jedoch ist es seltener der Fall, als es aussieht und als angenommen. Meistens werden Impulse ignoriert, verdrängt oder einfach übersehen in der Datenüberflutung des Alltags. Ein achtsameres Leben macht empfänglich für Strömungen, die auf eine Warnung oder auf einen Wechselkurs deuten könnten.

Es gibt genügend zwischenmenschliche und informations-trächtige Kommunikation aus den Medien (sowohl Massenmedien wie auch freie Medien), aus gesellschaftlichen Transformationen sowie inneren Prozessen. Diese stellen ständig Hinweise zur Verfügung. Selbstverständlich liegt es an uns die Botschaft zu erkennen und aufzugreifen. Wenn für nützlich oder sinnvoll erachtet, wird sie in den Fluss des Alltäglichen integriert und Strategien erstmals überlegt.

Denn wir sind noch am Ansatz dieser Veränderung, die eine neue Identität sucht. Wir befinden uns im Vorfeld, wo die Zeichen so subtil sein mögen, dass sie leicht übersehen werden, besonders wenn sie von der leisen inneren Stimme stammen. Sie verlangt eine gewisse Ausrichtung der Aufmerksamkeit nach innen, um überhaupt wahrgenommen zu werden. Sie setzt voraus ein Hineinhorchen in Augenblicken der Stille und der Gedankenleere. Damit meine ich einen Kopf frei von Ablenkungen und vom Gedankenfluss, der im Alltag, in der Routine und öfters im negativen Gedanken-Karussell angesiedelt ist. Dieser unaufhörliche Flow von mentaler Aktivität überfüllt die untere mentale Ebene und sperrt den Zugang zu höheren kognitiven Fähigkeiten. Bekannterweise gehört es zur Praxis der Meditation, die Gedanken zu beruhigen, eben um ein wertvolleres Gedankengut zuzulassen in Form von intuitiven Einfällen, Lösungen, aber auch abstraktes Denken, tiefere Erkenntnisse wie Wahrheits-erkundung, Inspiration, Kontemplation und die spirituelle Wahrnehmung von höheren Zusammenhängen.

Hier geht es weniger um die äußeren Auslöser, die im ersten Kapitel erwähnt sind, sondern eher um die Entstehung des Prozesses, der zum inneren Impuls, zum ursprünglichen Auslöser führt.

Der innere Impuls ist der Anlass, der mich überzeugt, dass Transformation notwendig ist. Zuerst führt er mich dazu, neue Wege mit meiner Vorstellungskraft und meiner Absicht zu visualisieren und zu überlegen. Das ist die Transmutation, der innere Prozess, der sich zuerst auf der mentalen Ebene abspielt, bevor er sich in die Veränderung der Form (die Transformation) niederlässt und die Umsetzung antreibt. Der Auslöser ist der Impuls oder die Reihe an Impulsen, die einem Umdenken innewohnen.

Der Auslöser kann konkret sein und als Ursache des Wechsels anerkannt werden. Jedoch widerspiegelt er immer die innere Bereitschaft des Menschen, der über den freien Willen verfügt, zu entscheiden, ob und wie die Veränderung vonstattengehen soll. Die Perspektive der menschlichen Betrachtung ist ausschlaggebend. Im Großen und Ganzen unterscheiden wir zwei Hauptbetrachtungsweisen: entweder wird das Universum als freundlich oder als unfreundlich wahrgenommen. Im ersten Fall werden Ereignisse als Chancen gesehen. Hoffnung und Zuversicht sind in der Grundhaltung verankert. Eine lösungsorientierte Einstellung ist gerade bereit, auch wenn Trauer oder Enttäuschung noch die momentanen Begleiter sind. Kreativität und Resilienz gestalten den Weg vertrauensvoll, sogar wenn noch keine konkreten Anhaltspunkte in Sicht sind. Trotzdem ist es das wichtigste Element, denn es legt die Weichen zu einer produktiven Weiterentwicklung. Im Gegensatz liefert die Auffassung eines unfreundlichen Universums die Grundlage für Aggression, Depression und Opferhaltung, für das Erdulden und Erleiden von obskuren Gründen, die einen in ungünstige Umstände hineinverwickeln. Aus dieser Perspektive werden die eigene Verantwortung und das Gewahrsein des Selbst als Schöpferin von externen Ursachen aufgeopfert.

Mein Ansatz liegt in der Wahrnehmung des Menschen als ewige Seele, die Realitäten erzeugt, um ihr schöpferisches Wesen zum Ausdruck zu bringen. Wir erschaffen am laufenden Band bewusst und unbewusst, persönlich und kollektiv. Je bewusster der Schöpferakt, desto kraftvoller. Deshalb ist die größte Aufmerksamkeit auf die inneren Wandlungen notwendig: wie fühle ich mich an diesem Ort, mit diesen Menschen in dieser Tätigkeit? Stehe ich in Resonanz mit dem, was ich tue und wie ich es tue? Ist es nicht meins, wird sich mein Tun als unbefriedigend erweisen. Gerade da ist es angebracht eine Veränderung einzuleiten. Es ist also durchaus möglich, dass leise Hinweise schon lange vorher vorhanden waren, bevor ich die Entscheidung treffe, eine Wende einzuleiten. Wie reagiert mein neurovegetatives System, wenn ich mir diese Menschen, diesen Ort und diese Tätigkeit vergegenwärtige? Wie weit oder eng oder sogar bedrückt empfinde ich meine Aura gerade jetzt? Wie fühlen sich mein Körper, meine Psyche in dieser Rolle oder in diesem Zusammenhang? Wie ist meine Atmung, mein Puls, wenn ich dort bin? Wie sehe ich mich in dieser Umgebung mit meinem geistigen Auge? Was sagt meine innere Stimme dazu? Was fasziniert mich am anderen? Leute, die sich die Freiheit nehmen zu leben, wer sie sind? Wen bewundere ich? Wen betrachte ich als Vorbild oder genauer gesagt wessen Verhalten als vorbildlich?

Was will ich wirklich tun oder sein? Bin ich das geworden, was ich mir in meiner kindlichen Träumerei vorgespielt habe? Insofern sie noch nicht komplett vom erwachsenen Selbst verdrängt worden ist, versinnbildlicht die Kindheitsvorstellung öfters eine gute Erinnerung an die Seelen-Abmachung.

Darüber hinaus gibt es Impulse aus dem Alltag: aus der Zeitung, aus einem anscheinend belanglosen Gespräch, aus dem Internet oder der gute Tipp, die Antwort zu der Frage, die nie gestellt wurde, die blitzartige Einsicht in dem Augenblick, wenn wir sie am wenigsten erwarten. Das sind die Zufälle, die keine sind. Das sind die Worte oder die Ereignisse, die sich unser Bewusstsein aus der Masse an Informationen heraus-kristallisiert hat. Das sind die Daten, die das Gewahrsein auf dem Bildschirm des intelligenten Universums hervorruft. Wie wundersam! Wie faszinierend diese Interaktion zwischen Bewusstsein und Schöpfung!

Es wäre erfreulich, wenn der Mensch den Dialog mit der inneren Stimme und den Austausch mit dem Universum öfters ehren würde. Gott spricht ständig mit Dir, schreibt Neale Donald Walsch. Anstatt die technologische Illusion anzubeten, ist eine heilige Kommunikation mit dem Geiste, mit dem Körper, mit der Umgebung sowie mit dem Kosmos möglich. Sie kostet nichts, sie macht nicht krank oder süchtig mit ihren Strahlungen, sondern sie liefert ganz individuelle Antworten, die den freien Willen respektieren. Ausschau halten, Achtsamkeit pflegen, wach sein, bewusst mit der Welt interagieren, so dass sie einen führt sowie schützt und zur

Entfaltung bringt. Das ist der erste Schritt zur Transformation im Einklang mit dem Höheren Selbst.

Die achtsame Kommunikation empfängt die Informationen aus den inneren Ebenen. Der Fluss oder die Idee entstehen, bevor die Impulse sich materialisieren und von außen auf die Menschen mehr oder weniger schockartig zukommen oder zufallen. Nimmt die Persönlichkeit die Botschaft an, wird sie zur Initiatorin einer Handlung, die aus freien Stücken zur richtigen Zeit umgesetzt wird, bevor die äußeren Umstände unerträglich werden. Das bedeutet, dass die Wende selbstbestimmt ist im Einklang mit der Höheren Instanz. Die persönliche und die „Lebensübersicht" stimmen überein. Das Neue ist willkommen nach dem Motto: „Es war bis jetzt gut, aber nun ist etwas anderes angesagt!"

Soll hingegen das Zeichen, das den Wechsel ankündigt, unterdrückt werden, dann staut sich die Kraft. Früher oder später wird es sich dann auf eine Weise manifestieren, die nicht zu übersehen ist. Die innere Stimme ist leise; beziehungsweise erfordert sie Wachsamkeit und Achtsamkeit, um „hörbar" zu werden. Mindestens verlangt sie, dass der Mensch bei sich ist. Dieser Mechanismus dürfte nachvollziehbar sein. Soll der Ruf der Seele über Jahre ignoriert werden, wird er gezwungen, den Ton zu erhöhen, damit er endlich wahrgenommen wird. Vor allem wird die Botschaft „plastisch", sie wird zur „Realität". Da konfrontieren den Menschen „harte Fakten", von denen er sich gezwungenerweise angesprochen fühlt. Öfters und in Vereinbarung mit seinen Glaubenssätzen betrachtet er das

Unglück als Schicksalsschlag, der unerwartet und mit voller Macht auf ihn trifft. Dass es zuvor Warnzeichen gegeben hat, davon will er nichts wissen und noch weniger über die Verdrängung.

Hinterfragen und eine regelmäßig verinnerlichte Standortbestimmung sind unentbehrlich, um den Dialog mit der Seele zu pflegen und aufrechtzuerhalten.

b) Der Druck von Oben

Eine gewisse Kraftausübung ist notwendig, um Bewegung zu erzeugen. Emotionen (Motion bedeutet Bewegung) übernehmen diese Rolle. Ein Druck baut sich auf entweder von innen oder von außen kommend, um Handeln zu fördern. Viele Menschen können lange und viel Druck und Disharmonie ertragen, bevor sie endlich Maßnahmen treffen. Meistens handelt es sich aber nicht um Ausdauer, sondern um Widerstand gegen die Veränderung. Anstatt den Wechsel anzunehmen, werden Ausharren und Festhalten ausgeübt. In diesem Zusammenhang kann die Bach-Blüte „Oak" hilfreich sein. Damit wird das Verharren gelockert, das an einer kontraproduktiven und manchmal pathologischen Lage festhält.

Es kann sein, dass der Druck stärker wird und die Situation immer unerträglicher in Form von Krankheit besonders mit psychosomatischen Symptomen, oder als zwischenmenschliche Spannungen und innere Konflikte bis zur Unerträglichkeit. So wirkt der Druck von oben auf den Kreis, in dem man sich lange gedreht hat, bis er ihn zur Spirale macht. Endlich entsteht eine neue Drehung, die zu einer höheren Oktave führt und tiefe Erkenntnisse bringt. Dann wird die Veränderung in Gang gesetzt und neue Paradigmen in Betracht gezogen. Anpassungen werden eingeführt und neue Maßstäbe in Betracht gezogen, die mit der Zeit integriert werden. In dieser Phase erscheint noch einiges als verworren, zögernd und unsicher, bis die Schritte fester auf dem neuen Weg voranschreiten. Daraus entsteht langsam eine neue Identität: reifer, reicher, weiser, erfahrener, vielleicht mutiger und durchsetzungsfähiger.

Um den Ansatz der Veränderung in Bewegung, in Motion zu setzen, sind Gefühle notwendig, vielleicht sogar Leidensdruck. Wie schon erwähnt, ist die Bereitschaft zur Veränderung und zum Loslassen unter Menschen bis zu einem gewissen Entwicklungspunkt mit Widerstand verbunden. Der Mensch hält fest, an dem, was er kennt, was er aufgebaut hat und womit er sich abgefunden hat, auch wenn es für ihn nicht mehr von Vorteil ist. Auf einer Seite wickelt der Gewohnheitsaspekt das Ganze in Rigidität und Starrheit. Sie bieten eine Illusion der Bequemlichkeit, hemmen aber unbemerkt die Flexibilität und die Offenheit für Neues, sowie das Vorankommen. Auf der anderen Seite baut die Angst vorm Unbekannten eine Mauer von Widerstand auf.

Diesen Mechanismus erkläre ich hier ausführlich, damit das Prinzip des Druckes genau begriffen wird. Der Druck muss stark genug sein, um tatsächlich das Loslassen einzuleiten und konkret durchzusetzen. Die geeignete Kraft bringt den Menschen zuerst zur Einsicht, dann zum Umdenken und schließlich zum Handeln. Sie muss also proportional sein zum geleisteten Widerstand: je mehr die Persönlichkeit den Wechsel verweigert, desto mehr Druck ruft sie unbewusst hervor.

Wird dieser Mechanismus verstanden, sind Opferrollen, Selbstmitleid und die Beschuldigung Anderer nicht mehr notwendig. Das wiederum setzt sehr viel Kraft frei, die für die eigene Entwicklung eingesetzt werden kann.

Der Druck fördert eine Infragestellung und Einsichten über sich selbst und in Prozesse hinein, die sonst in der statischen Bequemlichkeit nie stattgefunden hätten. Innere Konflikte innerhalb der unterschiedlichen Aspekte der Persönlichkeit sowie äußere Konflikte rufen immer ethische und moralische Fragen hervor, die den Menschen zwar herausfordern, ihn aber gerade auf seinem evolutiven Pfad voranbringen. Neue Betrachtungsweisen werden entdeckt, neue Überlegungen, Fragen und Antworten werden gestellt sowie passende Lösungen in Erwägung gebracht. Ist die Selbstwertschätzung während dieser Erkenntnisphase gesund, verläuft sie zuversichtlicher und auf erfreulichere Weise, als wenn die Persönlichkeit unstabil ist oder unter Minderwertigkeit leidet. In der letzteren Veranlagung findet man die Wurzeln der Opferrolle und des Mobbings. Hingegen kann Selbstüber-schätzung langfristigen Schaden verursachen für sich und nicht selten für die Mitmenschen.

Die Spirale dreht sich und wächst hinauf. Die Entwicklung des Menschen sowie seiner Umgebung werden voran getrieben Warum beziehe ich gleich die Umgebung mit ein? Weil die Transformation des Einen immer einen Einfluss auf Familie, Bekanntenkreis und auf die Gesellschaft im Allgemeinen ausübt, vergleichbar mit den Ringen des Steines, der ins Wasser geworfen wird.

Der Druck von oben und die entsprechende Aufwärtsbewegung der Spirale kann neue Konflikte hervorrufen oder sogar alte wieder aktivieren. Diese drücken sich aus in Form eines „sich nicht wohl in der eigenen Haut oder in der eigenen Seele fühlen". Sie können entweder innere oder äußere Zerreißproben darstellen. Ihr Merkmal besteht darin, die Aufmerksamkeit des Menschen gänzlich auf das Emporsteigen des Gewahrseins zu lenken. Das damit zusammenhängende Unwohlsein ist in sich ein produktiver Erkenntnisprozess. Mit ein wenig Abstand und mit dem nötigen Wissen, das ich hier beleuchte, können die „Wachstumsschmerzen" als positiver Input erkannt werden. Somit werden Entscheidungen getroffen, die tief an die Substanz gehen und die für die Person mit ernsthaften ethischen, moralischen sowie karmischen Themen einhergehen.

Veränderungen bedeuten Infragestellung, Umdenken und neue Wertungen, die innere Werte zum Ausdruck bringen und aktualisieren.

Ab einem gewissen Entwicklungspunkt ist der Druck nicht mehr entweder so drastisch oder sogar notwendig. Denn der Einklang mit der Seele ist deutlicher und veranlasst von innen heraus die Veränderung. Die Übereinstimmung von Persönlichkeit und Seele versinnbildlicht den Spruch: „Dein Wille ist mein Wille", die Verschmelzung zwischen Höherer Instanz und persönlichem Streben ist erreicht, durch die Kommunikation und das Zwischenspiel unter den zwei Ebenen: der vergänglichen Persönlichkeit und der ewigen Essenz. Die Spirale wächst in harmonischem Tempo weiter hinauf.

So wird der Kreis zur Spirale durch den Druck von Oben und durch den auslösenden Impuls, ohne den der Kreis sich weiter im Kreis drehen würde!

c) Nach diesem Ziel liegt das nächste

Es liegt mir fern von exponentiellem Wachstum wie Ray Kurzweil zu sprechen, von einer Evolution, die für jede / jeden einem vorprogrammierten Rhythmus folgen sollte. Die Natur ist keine Diktatur, sondern eine geregelte zyklische Melodie, die durch den Beitrag von allen Orchester-Mitgliedern komponiert wird.

Es liegt aber nahe, dass das Erfüllen eines Zieles, die Meisterschaft einer Aufgabe erstmals zur Zufriedenheit führt. Die Früchte der Anstrengung werden geerntet und genossen, bis sie nicht mehr schmecken und bis neue Horizonte mit neugierigen Augen aufgesucht werden. Das Angestrebte ist jetzt erreicht und wird allmählich langweilig.

Das Plus der Sättigung ruft das Minus der Aufnahmefähigkeit für das Neue hervor. Gibt es hier etwas Neues zu entdecken, zu lernen, zu meistern? Geht der Weg hier weiter oder kommt es zu Ende? Nein, das kann nicht alles gewesen sein.

Das Universum entwickelt sich weiter, also entwickle ich mich weiter. Ich entfalte mich, also lebe ich. Neues wird erkundet, getestet. Ungeduld lässt mich eine neue Freiheit anstreben. Frei von konkretem Druck scannt das dritte Auge die möglichen Zeitlinien gerade an diesem Zeitpunkt im Leben: lohnt es einen neuen Anfang zu wagen? Habe ich die Kraft, die starke Motivation? Ich bin realistisch und ich weiß, dass neuer Beginn wieder einmal loslassen bedeutet, und wieder von vorne anfangen. Natürlich nicht gänzlich, denn die erworbenen Talente bilden die Grundlage des neuen Projektes. Die stabile Persönlichkeit ist das Sprungbrett der anfänglichen Schritte. Es ist wertvoll, die Persönlichkeit zuerst zu stabilisieren. Denn ein wackliger Anfang wird sich früher oder später auf die neue Phase auswirken.

Und jedoch ist jeder neue Anfang eine Gelegenheit sich wieder leer und empfänglich zu machen, um Wissen und Unbekanntes aufzunehmen und zu verinnerlichen. Wieder einmal verlangt es Demut und einen offenen Raum, um nochmals unbekannte Prägungen in das etablierte System zuzulassen. Wieder einmal heißt es „Ja zur Erneuerung!" zu sagen.

d) „Ich habe schon so viel an mir gearbeitet"

Manchmal höre ich die Aussage: „Ich habe schon so viel an mir gearbeitet", „Oh, ich habe so viel erlebt." Das Buch des Lebens besteht aus dem festgelegten Format und der Freiheit, den Inhalt selbst zu gestalten. Ist es Karma oder habe ich die Gelegenheit, meinen freien Willen auszuüben? Darüber hinaus steht fest: wir sind hier, um unser Potential zum Ausdruck zu bringen, um es zu entfalten, nicht um still zu stehen und alles im Inneren unbenutzt und unberührt zu behalten. Zusätzlich haben wir gewählt zu inkarnieren in Zeiten, wo ein Paradigmenwechsel stattfindet, in Zeiten des großen Umbruchs. Dazu werden alle aufgerufen und dazu mitgerissen.

Es ist also nicht nur eine Phase der persönlichen Veränderungen, sondern jeder Einzelne ist im großen Ganzen eingebettet und nimmt teil an der Epoche der Erneuerung. Dazu haben wir „Ja" vor der Inkarnation gesagt. Jetzt kann es nicht rückgängig gemacht werden, denn Evolution geht voran und nicht rückwärts. Es gilt natürlich einen achtsamen Umgang mit sich und den eigenen Kräften zu pflegen. Darüber mehr im Kapitel 6: „Das neue Selbstbild ist entstanden".

Gibt es einen Punkt, wo man ankommt? Wo eine Belohnung oder ewige Ruhe erteilt werden? Eine Art spirituelle Pensionierung?

„Ich habe doch schon so viel gemacht!" Und was erwartest Du? Die Krönung, die Erleuchtung? Gar ein Kompliment oder eine Medaille?

Der spirituelle Weg ist überpersönlich und er schreitet weiter mit oder ohne Dich. Mache Pause, wenn es Dir danach ist vielleicht solange Du dem Drang zur Erneuerung widerstreben kannst. Der Pfad hört nie auf und nimmt keine Rücksicht auf Dein Alter, auf Deine gesellschaftliche Position, Deine Lust und Laune, solange Du inkarniert bist. Auf dem Weg der Evolution ist man nie zu alt, um Neues anzufangen. Das Erreichte ist auch kein Beweis und kein Erlass dafür, dass Du vom Weitergehen befreit bist.

Beim höchsten Punkt kulminiert die Entwicklung sogar beim Hinübergehen in anderen Dimensionen jenseits der physischen und materiellen Existenz. Dieser Schritt steht für uns alle unweigerlich an. Die unausweichliche Krönung liegt am Ende der Inkarnation in Form der Trennung von Körper und Seele. Das ist das endgültige Loslassen dieses Lebens, die größte Veränderung und sogleich die höchste Chance, Neues zu integrieren.

Auch da werden wir von der großzügigen universellen Geborgenheit getragen. Dieser endgültige Prozess kann bewusst erlebt werden, durch Akzeptanz, Wissen und die Erinnerung an die vielen Sterbeerfahrungen, die wir schon durchgemacht haben.

Ja, Veränderungen kosten Kraft aber sie bilden den Sinn und Zweck der Lebensentfaltung und verleihen wiederum Kraft und Verjüngung. Für das Ego kann es schnell zu viel werden. Es ist jedoch sinnvoll anzunehmen, dass die Herausforderungen, als

Entwicklungsmöglichkeiten, uns die ganze Inkarnationszeit begleiten. Sie fordern nämlich unsere verborgenen Talente, Begabungen und unseren Erfahrungsschatz heraus.

e) Notwendige oder freiwillige Veränderungen?

Es gibt existentielle Veränderungen, die sein müssen, wie die Auseinandersetzung mit Krankheit, der Umzug, der eine andere Arbeitsstelle voraussetzt, um die Familie zu ernähren und viele andere Beispiele. Sie beinhalten einen Zwang, denn es geht da ums Überleben.

Es gibt aber auch die Erneuerungen, die von der Seele inspiriert sind. Das sind diejenigen, die von inneren Beweggründen herrühren. Alles könnte wohl so weiter gehen wie gehabt und dennoch wächst ein Überdruss, ein Ringen, um neue Landschaften zu erkunden.

Gerade dieser Sprung nach vorne aus inneren Motivationen setzt eine ungeheure Kraft der Erneuerung frei. Dann ist es nicht nur Zeit, sie wahrzunehmen, sondern ihr zu folgen, auch wenn die Aktion manchen unvernünftig vorkommen könnte… „Gerade jetzt, wo es Dir so gut geht, lässt Du alles stehen“.

So ist es: die Resonanz ist langsam vorüber, die Chakren von der Erfahrung vollgefüllt, die Aufgabe erledigt. Zeit neue Wege einzuschlagen, auch wenn das Herz schwer ist, weil das Loslassen immer mit Trennung verbunden ist und immer mit dem Unbekannten zu rechnen hat.

Aber wir sind schon viele Male gestorben und viele neue Wege gegangen: Ungewissheit kann wohl mit neuer Freiheit sowie zusätzlichen Chancen gleichgestellt werden.

f) Sich wohl fühlen in seiner Seele

Dem Ruf der Seele zu folgen bedeutet, auf die eigene Einzigartigkeit zu hören, insofern das Umfeld nicht darunter leiden muss. Sich selber treu bleiben und die inneren Rhythmen und Beweggründe zu respektieren bedeuten, den eigenen Pfad zu gehen. Dahinter steckt die Erfüllung der Seele und des Seelenplanes.

Im emotionalen Bereich und geliebten Menschen gegenüber mag es schmerzhaft und unzutreffend erscheinen, aber die Anpassung an die innere Wahrheit, stellt die höchste Erfüllung dar. Nicht nur ist die Erneuerung von der Stimmigkeit her sinnvoll, sondern alles passt dazu, denn alle Stücke des Puzzles kommen zusammen und bilden das neue Selbstbild.

Aber ist die neue Identität schon so weit? Nicht unbedingt und nächst zur zwischenmenschlichen Herausforderung liegt die Unsicherheit des Pfades selbst. Was fehlt mir noch? Was ist notwendig für meine nächste Station? Berge ich wirklich alles in mir, auch wenn es teilweise im Unbewussten noch tief begraben liegt?

Ich passe mein Schritttempo an und beobachte sowohl innen wie außen. Bin ich noch im Einklang mit meinem wahren Selbst? Wie hoch ist der Preis der Integration meiner neuen

Persönlichkeitsanteile? Einige kommen mir fremd vor, bis ich sie gezähmt habe (oder sie mich?): bin ich noch authentisch, wenn ich sie ausübe mit geringer Überzeugung?

g) Die Zeit dazwischen

Das Alte gilt nicht mehr, das Neue aber noch nicht: wir befinden uns in einer Zwischenphase, die unbequem sein mag und mit Unsicherheit, Ungeduld und Unruhe besetzt werden kann. Vielleicht liegt die Lösung darin, Entspannung und Losgelöstheit innerhalb des Spannungszustandes zu üben.

Das Unbekannte übt gleichzeitig eine Faszination aus, füllt uns aber mit Angst und Zweifel. Die neue Identität geht noch mit zögernden Schritten und stolpert sogar auf dem Pfad. Ich weiß, was ich verlasse, jedoch noch nicht was die Zukunft für mich hält. Erschaffe sie, wie sie Dir passt mit allen Deinen Sinnen. Getraue Dich, Deine unbenutzten Veranlagungen zum Ausdruck zu bringen. In diesem neuen Lebensabschnitt sei, wer Du wirklich bist!

„Wie soll ich mein unbekanntes Selbst sein?", lautet Deine berechtigte Frage. Ansatzweise getraue Dich zu ändern, was geändert werden kann. Sei dankbar dafür, wer und was Du bist. Verwende das Erreichte als Sprungbrett und jede Treppe als eine Basis, der Du Deinen Dank schenkst. Segne jede von ihnen, denn ohne jeden einzelnen Schritt, wärst Du nicht, wo Du momentan bist. Aus dieser Perspektive hat alles seinen Platz und seine Berechtigung.

Die Bach-Blüte „Walnut" wird Dir helfen flexibel zu sein, wo das „Stehen lassen" schwer sein mag. In dieser Phase der Veränderung wird sie Dich unterstützen, Dein altes Selbstbild abzulegen und neue Aufgaben anzunehmen. Eine neue Identität wird allmählich konstruiert. Es werden Stück für Stück aus inneren Anweisungen zusammengestellt, die eine größere Identifikation mit der Seele eröffnen.

Robert Monroe ist einer der wenigen Autoren der bemerkt, wie viel Energie verschwendet wird durch Ungeduld und Frust in solchen vorübergehenden Phasen. Gerade diese Überbrückung kann besondere Möglichkeiten in sich bergen. Sie stellt einen Prozess dar, der nicht unbedingt verkürzt werden kann. Es gilt, der innewohnenden Weisheit zu folgen, um einen Schritt nach dem anderen zu machen, in einem zuversichtlichen, freien Gang.

Diese „Zeit dazwischen" ist eine Einladung zum kreativen Umgang mit der kommenden Realität: „Wie soll sie aussehen? Wie soll sie sein, um im Einklang mit dem Gemeinwohl zu sein?" Nutze diese Phase auf achtsame Weise, denn sie ist ein Geschenk des Lebens. Vor allem sollte man nicht verachten, was bis jetzt eine treue Begleiterin, ein treuer Begleiter gewesen ist. Wenn es geht, sollte auch nichts zerstört werden. Nichtsdestotrotz ist eines klar: Es ist nicht mehr, was es war. Sei es eine zwischenmenschliche Beziehung oder der Bezug zu einem Ort, einer Institution, zu einer Routine oder einer Gruppe. Dankbarkeit ist ein wesentliches Element des Abschiednehmens.

TEIL 4: WIDERSTÄNDE

a) Loslösung

Loslassen kann sich allmählich und sanft gestalten oder auf einmal ohne jeden Übergang geschehen.

Das Loslassen kann sich als stetige Verringerung der Affinität, bis zum Ablegen der Beziehung in die Fächer der Erinnerung oder sogar des Vergessens gestalten, sei es eine Bekanntschaft oder eine Freundschaft.

Die Interessen schwinden sowie die Gemeinsamkeiten. Die Gesprächsthemen sind im Laufe der Zeit rarer. Vor allem wird der emotionale Bezug zur Person, zur Gruppe oder zur Tätigkeit geringfügiger. Unter Umständen entsteht eine Abneigung oder im schlimmsten Fall ein Streit.

Besonders herzzerreißend ist die Lage, wo die Veränderungen im emotionalen Empfinden asynchron sind. Und das ist nicht selten, da Menschen unterschiedlich sind und Erkenntnisse besitzen ihr eigenes Tempo. Möglicherweise führt es zu Missverständnissen. Die typische Frage taucht auf: „Was habe ich falsch gemacht?" sowie andere unangebrachte Schuldzuweisungen. Mit der etwas verwässerten Antwort: „Nichts, gar nichts, es liegt nur an mir". Energetisch mag es wenig romantisch klingen: Jedoch dreht sich alles um Resonanz und wenn sie zu schwach ist, reicht sie nicht, um die Verbindung aufrechtzuerhalten. Würde man die innere Verfassung ehrlich verfolgen und sich nichts vormachen, müsste man erkennen, dass Veränderungen schon früher allmählich angefangen haben, die Hinweise zuerst auf eine Schwächung und dann auf eine endgültige Auflösung des Verhältnisses oder des Status quo gedeutet haben. Diese sind teilweise sehr subtil und erst im Nachhinein erkennbar. Dazu kommen andere Faktoren wie Angst vor dem Unbekannten, das Festhalten am Bekannten, die Macht der Gewohnheit und vielleicht eine mangelnde Vorstellungskraft, wie es sonst weitergehen könnte.

Last but not least sind die Kraft und die Macht der Bindung, die Liebe aber auch die Verpflichtungen, die Loyalität, die Verantwortung, zu bedenken. Diese verbinden Menschen miteinander. Wiederum halten sie die Menschen mit ihren Aufgaben, ihren Rollen, ihren Pflichten, ihrem Beruf, ihrer Routine öfters an bestimmten Orten, innerhalb mancher Kreise zusammen und besonders in gewissen Rollen eingesperrt.

Wie schwer fällt es einem, auf gemeinsame Erlebnisse zu verzichten und sie als Erinnerung abzustempeln? Sei es eine funktionierende Lebensstrategie, eine emotionale Interaktion, eine geteilte materielle Sicherheit, die einem Zugehörigkeit und Zusammenhalt bieten. Inwiefern darf man das moralisch oder ethisch?

Gerne würde ich den Ausdruck „stehen lassen" bevorzugen im Gegensatz zu loslassen. Die Dinge unberührt so stehen zu lassen, ohne sich in irgendeinen Aktivismus zu begeben. Im Nu wird zu viel getan oder gesagt, um sich zu rechtfertigen, sich zu entschuldigen, das Gegenüber aufzufangen, zu trösten, zu schützen. Somit wird alles verkompliziert und wirkt eventuell kontraproduktiv. Ja, Kommunikation ist wichtig, notwendig, aber aus der Neigung zu verplappern können eher Verwicklungen als Klärung entstehen.

Kann ein Mensch, darf ein Mensch eine Verbindung einfach stehen lassen? Das ist eine philosophische Frage, die nach Konsequenzen ruft. Daher bedarf ihre Beantwortung deutliches Überlegen. Die Fähigkeit die aufgegebene Beziehung oder Situation zu segnen und dafür dankbar zu sein, veredelt den gesamten Prozess. Sie ordnet ihn in einer wertvollen Lebensphase ein, die zu Ende gekommen ist. Sollte sich eine Empfindung der Befreiung nach einer Trennung einstellen, darf man sie sich ehrlich zugeben. Sie kann in diesem Kontext als Bestätigung wirken, dass die richtige Entscheidung zum richtigen Zeitpunkt getroffen worden ist.

Der Entschluss etwas zu beenden ist immer mit einem „Sterben" verbunden. Dieser Akt ist eine Herausforderung, die die Kraft verlangt „über den eigenen Schatten" zu springen, über sich hinauszuwachsen - und zwar buchstäblich zu verstehen aus energetischer Sicht. Der Bezug zu einer ehemaligen Übereinstimmung, stellt sich aus zwei Gründen mehr oder weniger schmerzlich dar. Ein „Es war mal so, IST aber nicht mehr so, wie es war". Dieser Satz widerspiegelt den Zeitaspekt, der flüchtig und gleich vorüber, nicht einzufangen oder gar zu wiederholen ist. Es ist leidvoll, da es mit einem Bedauern verkuppelt ist, möglicherweise mit einer besonderen Enttäuschung. Insofern, dass Illusionen durchschaut und überwunden worden sind, gilt es wiederum als erfreuliche Sache.

Wie die neue Perspektive gewonnen und die entsprechende Erkenntnis geboren wird, sind kaum bemerkbare Prozesse, bis man mit dem Ergebnis des „nicht mehr stimmen" konfrontiert wird. Geschieht es über Nacht? Nein, sondern die Wahrnehmungen verschieben sich fast unbemerkt, bis der Blick anders fällt auf den Umgang, auf das Verhältnis. In der Tat mag alles unverändert bleiben, jedoch wird die Lage aus einer anderen Perspektive betrachtet, bewertet und vor allem empfunden. Manchmal kommt es vor, dass sich dann alte Bedenken oder Vorbehalte mit aller Wucht melden, so dass sie gar nicht mehr ignoriert oder verdrängt werden können.

Die Zeit für eine neue Wende steht an.

So leicht wird es einem nicht immer fallen, besonders wenn ethische Regeln, Verpflichtungen und Bindungen vorhanden sind. Aber auch wenn die Lage nicht mehr erträglich ist, wollen und können Manche nicht loslassen. Unter Umständen zieht sich die Trennung hin und mit sich das Leid und die Verschiebung einer Lösung oder eines neuen Anfangs. Eine wertvolle Bach-Blüte hilft bei solchen Tendenzen nämlich: Eiche. (Oak auf Englisch). Sie hilft das Verharren in einer untragbaren Situation locker zu lassen.

Natürlich hat jede / jeder das Recht auf seine eigenen Erkenntnisse und die Zeit, die dafür notwendig ist. Die Abschätzung des passenden Zeitpunkts für eine Loslösung mag sowohl von inneren wie äußeren Faktoren abhängig sein. Dafür gibt es kein Rezept, außer dass einmal eine Menge Mut gesammelt werden muss, um endlich den Sprung zu schaffen. Im Nachhinein ist es nicht selten, dass man sich wünscht einen früheren Absprung gemacht zu haben.

Schuld, Scham, Bindung, Abhängigkeit aber auch Loyalität für den gemeinsamen Weg können die Beendigung der Beziehung über die Zeit hinziehen. Hier können karmische Gründe sowie Co-Abhängigkeit eine Rolle spielen. Das sind stark beladene Konstellationen, die in schicksalsträchtigen Verbindungen jenseits dieser Inkarnation ihre Fäden und Haken ausstrecken und festnageln. (Siehe mein Buch: „Der Blender".)

b) Neue Anhaltspunkte

Ein Zögern voran zu gehen kann erklärt werden, durch die Unfähigkeit neue Maßstäbe zu kreieren. Die neue Art des Ankerns benötigt nämlich Zeit, bis man sich ihr anvertrauen kann.

Ein hübsches Wortspiel ergibt sich auf Französisch mit „repère". Die Neuorientierung benötigt eine Instanz, eine neue Vertrauensperson: „re-père", „un nouveau père". Ein neuer Vater, der einem abermals Richtung verleiht. Vor allem werden Vergleichspunkte gesucht, die vertrauenswürdig sind, um den neuen Weg zu begehen. Der Partikel „Re" ist da, um die Wiederholung - nochmals neu - und das Neue - neuer Anfang - zu betonen. „Vater" ist hier natürlich nicht buchstäblich zu verstehen, sondern als verinnerlichte Autoritätsfigur zu bezeichnen. Durch die Qualität des Wegweisers oder als zuverlässige Bezugsperson gewinnt die orientierungslose Person einen stimmigen Impuls zu folgen oder als Inspiration auf ihrem weiteren Weg.

Die alten Maßstäbe stimmen nicht mehr und die neuen sind noch nicht vorhanden oder erkennbar. Man sitzt zwischen zwei Stühlen, ohne genau zu wissen, wo man hingehört. Die neuen Gewohnheiten sind noch nicht entwickelt, die alten kleben noch an den Gebärden, auch wenn man sie verabscheut. Die Unsicherheit starrt auf die unbekannte Landkarte voll rätselhaften Straßen. In dieser Zeit ist das ungeformte Selbstbild sehr rezeptiv für die Impulse aus dem neuen Leben und dem inneren Streben. Anpassungsfähig und voll Idealismus oder Hoffnung gestaltet sich die aktuelle Art zu sein, zu fühlen, zu denken und zu handeln.

Neu geboren durch die Anregungen, selbst-bewusst aber doch zögernd schreitet die neue Gestalt in die Zukunft mit dem Blick nach vorne. So viel Raum für die Erneuerung! Die Häutung ist fast vollendet, aber sie dauert noch eine Weile. Die Metamorphose ist bereits im Prozess.

Mit 25 Jahren war ich von Spinnen fasziniert und kaufte mir eine Vogelspinne. Nachdem sie einige Wochen in ihrem Terrarium bei mir verbracht hatte, fand ich sie an einem Morgen auf dem Rücken liegend mit den Beinen in der Luft. Da sie relativ teuer gewesen war, fand ich es eher enttäuschend, dass sie sich so schnell verabschieden wollte. Ich meinte, sie sei am Sterben denn ich wusste nicht, dass Spinnen sich häuten. Der Prozess dauerte einige Wochen, bis sie auf ihren frisch geschlüpften, haarigen Beinen stand, und zwar in der aufrechten Position. Inzwischen ging sie durch verschiedene Phasen: Tage des Fastens auf dem Rücken, Zuckungen, um die alte vertrocknete Haut, die zu eng geworden war, abzuschütteln. Und endlich das Herausschlüpfen, das sehr anstrengend aussah, wie eine Mischung von Krämpfen und Pausen, wobei die Bewegungslosigkeit den neuen Angewöhnungsprozess zuließ. Sie wusste genau, was zu tun ist ohne Eile. Zielstrebig ein Schritt nach dem anderen bis zur Geburt des neuen Körpers, der mehr Raum bietet.

Die trockene, identische Gestalt der Spinne bleibt übrig in ihrer liegenden Position, wie der Beweis eines vergangenen Daseins in einer etwas engeren Haut. In diesem Zusammenhang finde ich die Spinne als hervorragendes Symbol der graduellen Metamorphose, die immer wieder frische Räume beziehen muss, um ihre natürliche Expansion zuzulassen.

Und so bedarf der Mensch gelegentlich auch einer neuen Haut. Veränderung hat öfters mit einer anderen Umgebung oder einer Ortsveränderung und mit einem Umzug zu tun. Auch die bewohnten Räume nach der Trennung müssen anders gestaltet und bewohnt werden. Elternteile oder Partner kennen diese Situation, wenn Ex-Partner oder Kinder den bis dahin gemeinsamen Wohnort verlassen.

Raum, entweder in der Form einer Gestaltungsveränderung, einer Verkleinerung oder einer Erweiterung scheint im Loslassprozess eine Spiegelrolle darzustellen. Der äußere Platz widerspiegelt die innere Wende. Die physischen sowie psychischen Räumlichkeiten passen sich an neue Paradigmen an. Oder ist es eher so, dass Sie sie gestalten?

Der Schritt oder die verschiedenen Stufen werden achtsam gemacht, denn die Transformation, die Zeit und die Ereignisse zwischen vorher und nachher prägen beide Abschnitte: den vergangenen sowie den zukünftigen, entweder mit positiven oder negativen Intentionen, Gedanken und Emotionen.

Was für ein Glück, wenn wir das Neue freiwillig kreieren können. Deshalb sollte es umso bewusster erschaffen werden, mit dem Wissen, dass äußere Umstände und deren Möglichkeiten die inneren Räume widerspiegeln. Sie verleihen dem Potential die Chance sichtbar zu werden. Die fehlenden Anhaltspunkte oder die chaotischen Verhältnisse verweisen auf die brachliegenden inneren Landschaften. Die Maßstäbe sind die Grenzen, die Höhe, die Breite und die Größe des frisch erworbenen Raums.

c) Apathie

Metamorphose benötigt Einsicht, Kraft, Mut, Vision, Kreativität, Imagination, Idealismus / Leidenschaft. Diese Eigenschaften wandeln die Apathie-Energie um.

EINSICHT bezieht sich auf das Erkennen, dass ein neues Selbstbild sich entfalten will oder schier notwendig ist, wenn es von überholten Begriffen untermauert ist. Oder umgekehrt: die Selbstreflektion entspricht nicht mehr der bisherigen Selbstwahrnehmung. Beide Möglichkeiten verlangen eine enorme psychische Kraft, um mit der Erkenntnis zurecht zu kommen. Überhaupt die Frage: „Wer bin ich?" in ihrer tieferen Version stellt eine existentielle Herausforderung dar. Darüber hinaus benötigt es vielseitige Einsichten, um die Zusammenhänge des neuen Selbst zu definieren, im Zeit- und Raum-Kontinuum sowie im zwischenmenschlichen Bereich. Das ist besonders der Fall, wenn spirituelle, ethische und moralische Prinzipien miteinbezogen werden.

KRAFT in Form von Willen: Den eigenen Willen auszuüben und die Kraft sich selbst treu zu bleiben sowie unbeeinflusst von fremdem Denken und Handeln. Die persönliche Integrität ist der Leitfaden; dafür ist eine Verbindung zur Seele unentbehrlich. Physische Kraft ist auch notwendig, um etwas zu verändern: denken wir an einen Umzug aber auch an die unterschiedlichen Termine und andere notwendige Schritte, die gebraucht werden, um einen neuen Raum herzurichten.

MUT in Form von Entschlossenheit, Ausdauer und sogar Durchsetzungskraft. Prioritäten müssen gesetzt werden, klare Abgrenzung definiert. Dazu zählt auch der Mut zur Individualität, der Mut sich selbst zu sein und den eigenen Weg zu gehen. Abhängig vom Gegenstrom kann der aufgebrachte Mut bis zu Heldentum gehen. Unter Umständen können die

Gefahren tödlich sein. Es braucht Mut, um die alten Grenzen zu überspringen, die Mauer des Egos zu sprengen, denn neuer Anfang bedeutet auch wieder von vorne herein anzufangen. Das neue Selbstbild ist noch zögernd und unsicher. Die Schritte in die unbekannte Landschaft verlangen eine große Selbstüberwindungskraft. Diese wird belohnt, denn sie fördert die universale Lebenskraft heraus: daraus entsteht mehr Fluss. Ein Vakuum zwischen den Polen (geben und empfangen, yin und yang) fördert die Energie-Zirkulation. Wagen als Gegensatz zu Lethargie ruft Gelegenheiten hervor.

VISION UND KREATIVITÄT: Der Mensch als Schöpfer drückt sein Wesen aus dadurch, dass er sein Inneres, sein individuelles Mitgebrachte in der Welt zum Ausdruck bringt. Auf diese Weise leistet er seinen Beitrag zur Gesamtheit und er erfüllt seinen inkarnationellen Auftrag. Auch Kreativität braucht Fluss: Zögern, Stocken, sich nicht getrauen, Talente zurückhalten blockieren unweigerlich den Lebensfluss. Nicht das Seine ausfindig zu machen und Andere nachzuahmen, sich mit anderen zu vergleichen anstatt sich-selbst als Maßstab zu nehmen, verzerren das Selbstbild und die persönlichen Energien.

IMAGINATION ist der königliche Weg zum Erschaffen. Die inneren Bilder prägen das Hologramm der Realität. Nicht nur auf visuelle Art, sondern am besten durch das Fühlen-Denken sowie durch die Bereicherung der sinnlichen Eindrücke. Es ist unentbehrlich, die erwünschte Situation lebhaft zu erleben mit allen Sinnen und mit der Überzeugung der erfüllten Vision. Es geht nicht um einen Wunsch. Es geht um ein so intensives Streben, dass ich mich schon in der angestrebten Lage sehe und befinde, fühle und sie so vollständig wahrnehme, dass ich sie mit allen Zellen durchlebe. Imagination stellt die Fähigkeit dar, sich überhaupt etwas Höheres, Erfüllendes vorstellen zu können.

IDEALISMUS UND LEIDENSCHAFT sind der Zündstoff der Motivation. Zwar gibt es genügend egoistische und materialistische Gründe, die die Realität prägen. Nichtsdestotrotz locken höhere Motivationen zusammen mit allumfassender wohlwollender Absicht, die alle anderen Wesen und alles Leben mit einbezieht, ein erhabenes Potential aus den unerschöpflichen kreativen Dimensionen an. Sie wirken wie ein Magnet, der eine profunde Erfüllung der gleichzeitig karmischen Aufgabe fördert. Idealismus wirkt Wunder für viele, nah oder fern in der Gegenwart oder der Zukunft, für Menschen, die wir kennen und viele, denen wir nie begegnen werden. Idealismus sprengt die Grenzen des Egos, der Vorstellungskraft und des Möglichen sowie des Machbaren.

Idealismus ist durch Liebe und Licht untermauert und genährt.

d) Alte Strukturen

Strukturen, die sich bewährt haben, schmeicheln dem sonst orientierungslosen Menschen, der nicht weiß, woher er kommt, wohin er geht und noch weniger wer er ist. In diesem blinden Zustand bieten Routine, Vorschriften, Gesetze und

Anleitungen sowie Verbote gleichzeitig einen Schutz und eine Stütze.

Der Mensch verfügt über einen kleineren Anteil an Instinkt, dafür aber über eine größere Menge an freiem Willen. Beim Tier ist es umgekehrt. Für den Menschen scheint die natürliche Programmierung im Tierreich so beneidenswert, dass er sich ständig genaue „Gebrauchsanleitungen" verschreibt und vorschreibt. Bald gibt es eine, die vorgibt, wie man atmen sollte. Vielleicht wäre es sogar eine gute Idee, denn die Meisten haben das richtige Atmen verlernt und atmen zu oberflächlich, zu schnell... Einmischungen aller Art drängen immer mehr in die Privatsphäre und bevormunden den Unwissenden bis ins kleinste Detail. Es gibt so viele Maßregelungen mit unlesbaren (und sowieso unverständlichen) Unterparagraphen, die kein Mensch kennt, dass wir schlussendlich alle fortlaufend kleinere Verbrechen begehen - ohne es zu wissen.

Richtlinien sind unentbehrlich für das Zusammenleben. Das ist unbestreitbar in einer Welt, in der es immer mehr Menschen gibt. Auch im Privatleben wirken sie ordnend und zuverlässig. Ich bin die Königin meines Reiches und dort herrscht eine bestimmte Hausordnung, um meine Lebensführung zu vereinfachen und zu optimieren. Disziplin ist eine gute Freundin von mir. Jedoch darf sie flexibel und menschlich sein, sie darf ihrem guten Zweck dienen und ja nicht aus den Augen verlieren. Sonst werden die Regeln angepasst, verbessert oder schlichtweg gebrochen. Zwischen Herz, Kopf und Bauch liegt das Gleichgewicht. Darüber hinaus ist das Ganze von meiner Höheren Instanz gekrönt.

Und so setzt sich der Anschein von Sicherheit in den Alltag hinein fort. Ich bin keine Nomadin, die jeden Morgen ihre täglichen Handlungen an die neue Umgebung adaptieren muss. Das war ich jedoch viele Male auf meinen Reisen. Und gerade da lege ich für mich deutliche Prioritäten, die eben den Weg für die Umsetzung der Tagesverrichtungen ebnen. Sie verleihen einen Halt, besonders weil sie selbst-bestimmt sind. Der unmittelbare Sinn ist ersichtlich und die Vorteile unmittelbar, somit werden sie auf natürliche Weise verinnerlicht.

Fremde Bestimmungen, die einem, der Allgemeinheit und dem großen Ganzen dienlich sind, ergeben ebenso einen Sinn, insofern man imstande ist, den kurzsichtigen, egoistischen Blick zu überwinden. Dazu gehört Anstand als zwischenmenschliches Gleitmittel für den Alltag. Rücksicht, Nachsicht, Freundlichkeit erhellen die tagtäglichen Begegnungen mit Bekannten sowie mit fremden Menschen. Sie sollten umso besser gepflegt werden, gerade weil wir tagtäglich mit so vielen Mitmenschen in Kontakt treten. Fremd ist keiner, denn wir teilen alle einen gemeinsamen Nenner, nämlich das menschliche Dasein.

Dann gibt es noch Direktive, die schnell irgendwo, irgendwann (auch insgeheim!) verabschiedet werden, sowie weitere Schikanen, wovon ausschließlich eine Minderheit profitiert. Diese rufen zivile Ungehorsamkeit hervor, wenn sie gegen Menschlichkeit und Grundethik verstoßen.

Unser alltägliches Leben ist voll von Verhaltensregeln, die uns einen Anschein von Sicherheit verleihen. In Wirklichkeit besitzen sie einen flüchtigen, vergänglichen Charakter. Es ist immer wichtig, sich den zerbrechlichen Aspekt dieser hoch errichteten Mauer zu vergegenwärtigen: manche stürzen über Nacht zusammen.

Dasselbe gilt für Gewohnheiten. Jedoch brauchen sie eine einzigartige Betrachtung. Jeden Tag schenken sie uns Zuversicht. So sehr, dass, wenn sie uns übermannen, wir in Automatismus verfallen. Das bedeutet, dass wir von der Routine gesteuert werden. Das mag uns sehr praktisch vorkommen, so sehr, dass wir nicht mehr denken brauchen! Stellen Sie sich vor, das Denken, angeblich DIE Fähigkeit, die uns von Tieren unterscheiden soll, wird nicht mehr benötigt! Was sind wir ohne diese mentale Kapazität? Ein Tier? Nein, nicht einmal. Wir sind schließlich ein Roboter und verwenden unser Gehirn noch weniger, als es sonst der Fall ist. Noch weniger als die berühmten 10 %. In solchen Situationen bleibt wirklich sehr wenig von diesem besonderen menschlichen Anteil als sogenannte Krönung der Schöpfung. Aber „praktisch" kommt sehr gut an. Damit kann man den Leuten die übelsten Techniken unterjubeln und sie fernsteuern bis in die tiefsten Gehirnwinkel. Aus einem Menschen einen Roboter machen. Die Zauberlehrlinge wissen, wie das geht und nähren größenwahnsinnige Träume von totaler Überwachung. Mit Sicherheit wird es praktisch sein! Für wen denn? Nicht für die Überwachten, aber dann wird es zu spät sein, sogar den kleinen Finger in einer nicht zugelassenen Weise zu bewegen.

Hauptsache es werden alle zwangsglücklich gemacht. Außer vielleicht eine kleine Minderheit - wie man so schön sagt.

Kehren wir zurück zu unseren Gewohnheiten. Wenigstens sind sie selbst-gewählt. Meinen wir, bis wir sie näher betrachten! Wie viele haben wir vom Elternhaus, von Lebenspartnern, von ehemaligen Arbeitsplätzen und beruflichen Abläufen übernommen? Auch in der Fremde, in die wir gezogen sind, ahmen wir dortige kollektive Verhaltensweisen nach. Das ist ein natürliches adaptives Verhalten, das die Reibungslosigkeit und die Zusammengehörigkeit unterstützt. Viele sind liebenswert: Selten habe ich die Möglichkeit eine „5 o´clock cup of tea", eine Tasse Tee mitten am Nachmittag zu genießen. Aber dann ist es eine Wonne. Mit 18 Jahren als „au pair" musste ich Tee für den Opa kochen. Die Erinnerung berührt mich und der Tee schmeckt wunderbar.

Der Mensch wird großenteils von seinem Herdentrieb geführt: wie die anderen sein wollen ist ja die Basis der Mode, der hoch gepriesenen Uniformität.

Jenseits der hilfreichen Gewohnheiten gibt es die schädlichen, die an der Lebenskraft zerren, bis zu den Süchten, die die Persönlichkeit zerstören. Mit kleineren Abhängigkeiten werden alle Menschen ab und zu konfrontiert besonders in diesem Konsum-Wahnsinn.

Wir können Sklaven der Routine werden. Sie wirkt dann abstumpfend, einschränkend und verstärkt den Scheuklappen-Effekt. Automatismus, Fernsteuerung, Programmierung,

Prägung, Glaubenssätze, verinnerlichte Verbote und Gedankenformen neigen dazu, sich einzuschleichen und alles so einzuschmieren, dass man den Alltag in einem Dämmerzustand verrichten kann. Dann ist es höchste Zeit (noch besser vorher) den Wecker einzustellen, aufzuwachen und alles anders zu machen, am besten umziehen, neuen Job, neue Beziehung.

Nein, Entschuldigung, das ist maßlos übertrieben! Fangen wir mit kleinen Veränderungen an wie z. B. einen neuen Weg zur Arbeit nehmen oder zum Aufwachen Mate Tee anstatt Kaffee zu trinken. Ein wenig achtsamer, ein wenig bewusster die Augen aufzumachen, das Herz zu öffnen und die Luft langsam und tiefer einzuatmen. Auch wenn man fünf Minuten dadurch verliert und kein Geld dafür bezahlt wird, ist man jedenfalls viel reicher, denn Gewahrsein ist unbezahlbar. Durch die Routine stumpfen die Sinne, die höheren Fähigkeiten sowie das Herz ab.

Das höhere mentale Potential, die Inspiration, die Intuition, Gedankenblitze, Erfindungen und kreative Impulse, individuelles und originelles Denken werden vernachlässigt. Das „Denken" konzentriert sich auf alltägliche Verrichtungen, Organisation, Routine, sowie die Durchführung von Befehlen. Als Folge der Unterforderung, verkümmert die höhere Denkfähigkeit oder sie wird nur für den Beruf einseitig angezapft. Vor allem kann der nach innen gewendete Blick begrenzt und einseitig werden. Auch der nach außen gerichtete verfügt über eine einförmige, ärmliche Perspektive. Das ist der sogenannte Tunnelblick.

Ebenso auf der physischen, körperlichen Ebene sind Gewohnheiten auf Dauer nicht gesundheitsförderlich. Es ist sogar eine gute Idee, die besten Routinen gelegentlich zu unterbrechen wie z. B. Meditation. Während meiner Meditationspraxis hatte ich einmal eine Phase, in der ich keineswegs ruhig sitzen konnte. Alles rebellierte in mir. Unmöglich. Ich beugte mich diesem inneren Impuls und machte eine Pause - mit schlechtem Gewissen. Ich wollte doch so spirituell sein und meinen Pfad finden. Irgendwann ergriff mich das spontane und dringende Bedürfnis mich wieder in ein tieferes Gewahrsein zu begeben, dem ich erneut folgte. Mit großer Überraschung: nie zuvor hatte ich solche Ebenen mühelos erreicht. Durch den Abstand hatte ich ein tieferes Loslassen zugelassen, was sich fließend und befreiend auf meinen Meditationsmodus auswirkte.

Vergleichbar ist der Pauseneffekt auf den Körper. Ähnlich wie die natürliche Wechselwirkung zwischen warm und kalt z. B. anregend, erfrischend und allgemein wohltuend. Warm / kalt duschen, warme / kalte Fußbäder, im Schnee barfuß laufen, Füße abtrocknen und warme Socken anziehen sind erquickende einfache Beispiele. Mit diesen Anwendungen fühlt sich der Mensch wach, lebendig und im Körper. Weiter abwechselnde Reizanwendungen, die schlussendlich für das Gleichgewicht des gesamten Organismus zuständig sind: Ruhe und Bewegung, Verinnerlichung und Geselligkeit, praktische und musische Tätigkeiten. Nun zurück zu einem simplen Beispiel: auch vom feinsten Kräutertee, den man am liebsten jeden Tag und für immer trinken will, soll man pausieren. Einen

Tag in der Woche Abstand nehmen, ist eine einfache Regel. Der Körper aber auch der Geist - sowie der ganze Mensch - freuen sich darauf, wieder die angenehme Gewohnheit aufzunehmen. Ein neuer Start verleiht dem System einen kleinen Kick, einen erneuerten Reiz, der die Wiederaufnahme effektiver macht. Nach der eingelegten Pause wirken das Mittel, der Tee, die Meditation besser. Die Unterbrechung der Routine bietet eine wichtige Chance neue Gepflogenheiten zu entwickeln, die eventuell für den aktuellen Lebensabschnitt besser angepasst ist. Der Abstand von der Routine mag einen winzigen Riss in der Gewohnheitsfestung entdecken oder gar einen Kratzer und neue Aussichten für ein zukünftiges Selbstbild, das lange darauf wartet wach geküsst zu werden.

Durch den Abstand und das Pausieren wird der Mensch wach, präsent, zentriert, wieder aufnahmefähig, eins mit sich und in sich ruhend. Diese Eigenschaften und dieser Zustand bilden die einzige Sicherheit, die es gibt. Deshalb ist es sinnvoll jede Gewohnheit, Glaubenssätze, Routine irgendwann zu hinterfragen. Sonst verselbstständigt sich die Routine und der Roboter gehorcht restlos und tut, was von ihm verlangt wird. Er funktioniert ohne Bewusstsein.

e) Bestehende Dauerbeziehungen

Beständige Beziehungen stellen unseren größten persönlichen Schatz dar. Ich fasse sie als Familie und Freundschaften zusammen.

Unter Familienmitgliedern zählen beide, die Mitglieder der Herkunfts- und die selbstgegründete Familie. Sie sind die Menschen, die wir am längsten und am besten kennen. Hoffentlich auch diejenigen mit denen wir die tiefste Zuneigung und Liebe teilen. Am engsten ist unsere Herkunftsfamilie: wir kennen ihre Mitglieder unser Leben lang und sie uns. Wir teilen unsere Gene und unser Blut mit ihnen. Wir tragen ähnliche genetische Informationen, sowie familiäre Gewohnheit und Erinnerungen.

Unsere Familie ist für uns ein Segen. Ohne unsere Vorfahren wären wir nicht am Leben. Unter Umständen jedoch kann die Sippe eine hemmende Wirkung auf unsere Transformation ausüben. Die Sippe hat eine kontrollierende Funktion. Der Preis der Zusammengehörigkeit kann sehr hoch sein. Andersartig-keit, Rollenabweichungen, neue Identitätsidentifikationen, abweichende Ideen und Verhalten mögen gelegentlich auf Verwirrung, Missverständnis, Ablehnung oder sogar Ausstoß treffen.

Familie kann genauso unterstützend, tragend, umhüllend und nährend sein wie sie zerstörend, erzwingend, erziehend, abwertend, und liebesentziehend wirken kann. Selbstverständ-lich definiert jede familiäre Gemeinschaft ihre eigenen Grenzen und den Toleranz-Pegel. Innerhalb ihres Kernes bildet die Familie eine Einheit mit bestimmtem ausgesprochenen sowie verschwiegenen Kodex. Wer ihn aus irgendeinem Grund überschreitet, soll in die Einheitlichkeit zurückgebracht werden. Das soll gut gemeint sein. Parallel werden viele

Voraussetzungen und Gründe genannt, die angeblich „für dein Wohlergehen" gemeint sind. Aber familiäre Strukturen sind auch nicht weg zu rütteln: „so jemanden wollen wir ja nicht in unserer Familie". Ausgegrenzt und ausgestoßen sein, sind die höchsten Strafen.

Es ist ersichtlich, dass ein Spannungsfeld zwischen „Dein Wohlergehen" und „Unsere Identität, unsere Ehre, unser Ruf" entstehen. Übersetzt bedeutet es: „Wenn du weiterhin eine von uns sein willst und von den Vorteilen dieser Gemeinschaft profitieren willst, wird erwartet, dass du dich wie wir verhältst, denkst, handelst, aussiehst…" „Du kannst machen, was du willst aus deinem Leben, ABER…." Alles gut gemeint, wie immer. Nicht nur fehlen Achtung und Anerkennung für den Anflug einer neuen Identität, sondern er wird regelrecht im Keim erstickt.

Eine große Aufgabe unseres menschlichen Daseins besteht darin, unser Gegenüber, in diesem Fall ein Familienmitglied, anzunehmen, wie sie / er ist in seiner Menschlichkeit und allumfassend zu lieben. Manche Wandlungen des Lebens mögen für unseren Geliebten und für einander eine Herausforderung sein. Verständnis und Toleranz sind unser Übungsfeld. Mögen dadurch alle Beteiligten wachsen.

Machtausübung, konfrontative sowie subtile, manipulative und sogar wiederholte Versuche das neue Verhalten, das unwillkommene Umdenken usw. zu kontrollieren und rückgängig zu machen, erfahren manche Menschen, die dabei sind, etwas Neues zum Genpool beizutragen. Offenheit, gegenseitiger Respekt und bedingungslose Akzeptanz als Familienwerte sind nicht selbstverständlich. Manchmal ist es notwendig, klare Grenzen zu setzen und sogar eine Sendepause einzulegen. Der „Erneuerer", die „Erneuerin" sieht sich dann in der Lage, die Einengung kräftig abschütteln und sich selbst deutlich behaupten zu müssen. Vielleicht sind diese Maßnahmen nötig, um von der eigenen Sippe nicht niedergetrampelt zu werden.

Der Zeitfaktor und eine parallele Evolution sind öfters unterschätzte Katalysatoren, die Erkenntnisse und Einsichten enthüllen und manche Geheimnisse preisgeben: „Als ich jung war, war ich eigentlich wie Du, aber dann hat das Leben seinen Tribut an Verpflichtung, Angepasstheit verlangt. Und vielleicht habe ich mich von meinem Weg ablenken lassen." Solche aufgegebenen oder erstickte Streben und Sehnsüchte finden dann einen Ausdruck in der Enkeltochter, im Neffen, die / der bereit ist diese Vision zu verkörpern in einer Zeit, die möglicherweise dafür empfänglicher ist.

Genetik und Epigenetik haben sich den Kampf angesagt. In manchen Gemeinschaften. Andere heißen die Erneuerung willkommen: frische Energien, Gedankengut und Erfahrungs-schatz fließt in das morphogenetische Feld dieser bestimmten Gruppe, anstatt die festgefahrenen Schicksale ewig zu wiederholen, sei es Krankheiten, Tendenzen, Irrwege und Leiden. Genetik ist vom Prinzip der Vorbestimmung geprägt: Merkmale, die in den Genen vorhanden sind, werden geerbt und somit weitergeleitet und nochmals durchgelebt. Der Mensch ist eine Maschine, ein Computer, ein Roboter, der von Informationen fern- oder nahgesteuert wird. Wir tragen den Genpool in uns: das Rheuma von Oma, die streitige Tendenz des Onkels, das Genie der Mutter, die Schönheit des Vaters. Bitte ergänzen: definitiv gefällt der Mehrheit diese Doktrin. In der Tat begründet sie fast alles - oberflächlich, aber effizient: daran ist nichts zu rütteln oder zu hinterfragen. Natürlich stimmt die Genetik! Aber sie erklärt nicht alles und sie ist keineswegs der einzige Faktor, der das lebendige Wesen prägt. Leben ist kein prädeterminiertes Produkt.

Gegenüber dem lebensfeindlichen Postulat der Genetik stehen Epigenetik, freier Wille, Selbstbestimmung sowie kreative Lebensführung. Epigenetik bedeutet: was jenseits der Genetik liegt. Sie weist auf Einflüsse hin, die das genetische Erbe umhüllen. Epigenetik zeigt, dass die Einflüsse des Umfelds wie unter anderem Ernährungsweisen, Gesundheitsvorsorgen, Arbeitsbedingungen, geistige und intellektuelle Einstellungen, das ursprüngliche genetische Potential positiv bestimmen können. Besonders bei geerbten Krankheiten können geeignete, rechtzeitige Maßnahmen eingeleitet werden, die das familiäre Erbgut vorteilhaft prägen.

Genetik und Epigenetik sind keine Gegensätze. Eigentlich ergänzen sie sich. Dank der Genetik werden genetische Programme aufgedeckt. Dank der Epigenetik können gleichzeitig geeignete Therapie-Ansätze aus verschiedenen Bereichen angeboten werden, um lebensbeeinträchtigende

Voraussetzungen umzupolen, auszugleichen, zu heilen oder mindestens nachhaltig zu schwächen. Weg mit dem Prädeterminismus, der den Menschen in engen, negativen, vorprogrammierten Krankheits- oder Verhaltensmustern gefangen hält! Mögen die Menschen über die Freiheit verfügen, ihr Schicksal in die Hand zu nehmen und würdig, frei von Leid und Angst zu gestalten. Die Wissenschaft der Epigenetik ist vielversprechend: sie birgt viele Möglichkeiten, die Selbstbestimmung und die Selbstverantwortung anzukurbeln. Und zwar nicht nur für den einzelnen Menschen, sondern nach und nach werden die einschränkenden Sippen-Programme gründlich befreit und in lebensbejahende Muster umgepolt. Der Genpool registriert und speichert die neue Information in das zukünftige Familien-Karma. Allmählich profitieren immer mehr Mitglieder der Gruppe von der Heilung. Und am Ende gibt es nur eine Familie: die Humanfamilie. Somit kann die ganze Menschheit dazu beitragen ein neues Selbstbild zu gestalten: Selbstbewusst als ewiges, multidimensionales, schöpferisches, in der Einheit der Natur eingebettetes göttliches Wesen.

Was die familiären Verhältnisse anbelangt, würde ich gerne einen zusätzlichen Aspekt anführen. Er bezieht sich auf den Einfluss der Familienmitglieder als Programmfeld. Innerhalb des Familienkerns herrscht eine ähnliche Schwingung, die nur diesen Menschen gehört und wozu nur sie Zugang finden. Das sind sehr tiefe, archaische Muster, die die Gruppenteilnehmer in ihrer Gesamtheit definieren. Einige gehen zurück zu früheren Leben und zu den gemeinsamen Inkarnationen, die wir mit

Menschen geteilt haben, die heute unsere Eltern und Geschwister sind. Die psychischen Muster werden in dieses Leben mitgebracht und ungefiltert im unbewussten Zustand der Kindheit ausgelebt. Die Mitglieder der Nuklearfamilie (Eltern und Geschwister) sind öfters diejenigen, die uns im Stadium der Hilflosigkeit und Verletzlichkeit des Kleinkindes gekannt haben. Dadurch haben sie einen einmaligen Zugang zu ungeschützten Mustern der Machtlosigkeit, des Ausgeliefertseins und der Wehrlosigkeit, die das innere Kind in uns noch trägt. Familiäre Beziehungen sind am tiefsten: sie können uns am meisten in unserem Wesen berühren, ob schmerzlich oder erfreulich. Unbewusst wissen unsere Liebsten welche „Knöpfe" zu drücken sind - und umgekehrt.

Etwas anders gestaltet sich unser Verhältnis zu Gleichgesinnten und Freunden. Wir haben sie wesentlich später kennengelernt. Auch die Jugendfreundin hat ihren Platz in unserem Leben eingenommen, als wir schon reifer oder gefestigter in unserer Persönlichkeit waren. Freundschaft ist ein großes Geschenk.

Besonders langlebig sind beide Arten der privaten Nähe: sowohl die, die wir mit Familienmitgliedern als auch die, die wir mit unseren Freunden teilen. Umso anstrengender sind sie, wenn sie nicht mehr imstande sind unsere Veränderungen zu unterstützen und zu begleiten. Die intensive Gemeinschaft entpuppt sich unter Umständen als eine einschränkende Struktur, die alles tut, um uns in den alten Verhaltens- und Glaubensmustern einzufangen. Das ist der Fall, wenn die Evolution nicht mehr synchron läuft. Wenn jeder seinen eigenen Rhythmus gefunden hat, mag es sein, dass immer weniger Gemeinsamkeiten vorhanden sind. Die Gesprächsthemen werden rarer, die gemeinsamen Lieblingsspeisen schmecken nicht mehr, die Begeisterung über die Vergangenheitserinnerungen nervt oder ärgert. Die Andersartigkeit nimmt immer mehr zu, die Gabelung wächst immer mehr auseinander. Manchmal „erkennt" man sich nicht mehr. Die Eine hat ihre Entwicklung vollzogen, hingegen ist die Andere in ihrer funktionierenden Position geblieben: man hat sich fast unbemerkt entfernt und man versteht sich nicht mehr. Die Resonanz besteht nicht mehr. Im schlimmsten Fall gibt es Liebesentzug und Streit. Innerhalb einer Ehe kann es dramatische Folgen haben. Jedoch duldet der Fluss des Lebens keinen Damm, Leben ist Energiefluss.

Solche Phasen des Auseinanderwachsens können sehr schmerzhaft sein und grundlegendes Hinterfragen erzeugen und ins Rollen bringen. Die Metamorphose ist ein kompromissloser Prozess, der einen Neubeginn mit klaren Räumen der Freiheit verlangt.

Das Bestehende verflüchtigt sich (oder was als bestehend lange betrachtet worden ist) und schafft Raum für das Neuartige, für die Zukunft, für die Evolution.

Dieses Stadium der Verwandlung kann als sehr schmerzhaft und herzzerreißend empfunden werden: es sind die Wehen der Geburt.

Aus dem yin Prozess der Evolution wird das neue Selbst geboren. Ein mächtiger Akt des Kreierens, wobei das Gebären und das Geborensein analog innerhalb des Kokons stattfinden.

f) Die Macht der Ahnen - der Ahninnen

Erwähnenswert, weil weniger bekannt, ist die Rolle von Verstorbenen als bremsendem Faktor. Energetisch zeigt er Ähnlichkeiten mit den oben beschriebenen Beziehungen, die wir mit Familienmitgliedern und Freunden in diesem Leben führen.

Auch wenn der Mensch seinen physischen Körper verlässt, besteht seine körperlose Präsenz weiter. Insofern er noch „attachment" - Englisch für Bindungen im Buddhistischen Sinne - an Menschen, Handlungen und Streben auf der Erde hegt, ist seine emotionale und mentale Ladung sowie deren Einfluss spürbar. Ich rede jetzt nicht von Besetzung, sondern von viel subtileren Beeinträchtigungen, die über morphogenetische Felder übertragen werden. Sie sind tatsächlich imstande, ihre Einflussnahme auf das Benehmen eines inkarnierten Menschen auszuüben und seine Weiterentwicklung teilweise zu blockieren. Dies geschieht durch das Medium von Gedankenformen, die die emotionale Verfassung der verkörperten Person wiederum steuern.

Nicht nur Familie und Freunde aus dem Jenseits, sondern ehemalige Geschäftspartner, Geliebte sowie andere einflussträchtige Personen, die ihre Einwirkung auf die irdischen Geschehnisse nicht losgelassen haben, mögen sich gelegentlich einmischen. Es mag z. B. sein, dass sie etwas verhindern oder erzwingen wollen wie einen Hausverkauf. Wiederum sind sie vielleicht erpicht, jemanden besonders zu schützen, zu einem gewissen Handeln zu führen oder in eine bestimmte Richtung zu lenken. Manchmal finden solche gutgemeinten Einflussnahmen gegen den freien Willen des Lebendigen statt: diese Art der Manipulation bricht die Grundprinzipien der kosmischen Gesetze. Diese Bänder binden in Unfreiheit und Abhängigkeit. Ihre Aufgabe ist das Erlernen des Loslassens, des „non - attachment".

Jedoch ist es unentbehrlich zu verstehen, dass nichts ohne Resonanz geschieht. Ebenso wenn die Assoziation eine Unbewusste ist. Alles hat immer zwei Seiten: eine empfangende und eine gebende - somit zirkuliert der Energiefluss, damit der Einfluss zirkulieren kann. Zwischen nahstehenden Menschen entstehen formgebende Energien, die Gegenseitigkeit sowie die Verbindung fördern. Jedoch ist jeder für seine eigene persönliche Integrität zuständig und verantwortlich.

Ein verbreitetes Beispiel der subtilen Einflussnahme ist die gedankliche Prägung von Frauen aus der väterlichen oder mütterlichen Familienlinie. Sie können verstorbene Mutter, Großmutter, Urgroßmutter, Tanten, Kusinen miteinschließen. Ebenso weitere weibliche Mitglieder der Familie, denen wir zu ihrer Lebzeit nicht begegnet sind. Natürlich wollen diese Frauen „nur das Beste" für die Dame, die gegenwärtig inkarniert ist. Eventuell bereitet sie ihren Ahninnen Sorgen, weil sie eine aktuelle, selbst bestimmende Auffassung des Lebens pflegt, die nicht der traditionellen der Familie entspricht. Sie will ihr eigenes Leben führen, frei und selbstständig sein und vielleicht tätig sein in einem Bereich, in dem früher wenig Frauen waren. Möglicherweise sind ihr Aussehen und ihr Verhalten unkonventionell. Sie ist für Veränderungen offen und führt sie in ihrem Leben mutig ein. Sie „gehorcht ihrem Mann" nicht oder sie hat sich scheiden lassen. Mit diesem modernen Verhalten können die weiblichen Verwandten aus dem Jenseits nichts anfangen: sie verurteilen und halten sich dafür zuständig, „Ordnung" in das Leben der jungen Frau zu bringen. Ihre Urteile, Vorurteile und Einmischung wirken durch Schwingung im Emotional- und im Mentalkörper der sich befreienden Dame. Vielleicht entwickelt sie Schuldgefühle, sie zögert oder sie fühlt sich blockiert in ihrer Handlung oder ihrer Umsetzungskraft. Ähnliches findet natürlich statt bei Männern. Traditionell ist die Rolle der Frau unweigerlich mehr unter Kontrolle gewesen. Heutzutage, wenn das Weibliche sich seiner Macht und Kraft wieder bewusst wird, haben die Ahninnen viel zu tun, wenn sie diese Erweiterung des Gewahrseins verhindern wollen. Erfreulicherweise sind sie häufig belehrbar, wie es ersichtlich wird während Aura-Sitzungen. Darüber hinaus erhalten sie Einsichten über die Vorteile der Transformation, wovon sie selbst profitieren.

Es geschieht nämlich nicht selten, dass eine Klientin diese Thematik in eine Aura-Therapiesitzung mitbringt. Während wir uns mit Blockaden und deren Ursachen auseinandersetzen, wird der Einfluss von manchen Verstorbenen enthüllt.

Gelegentlich sehe ich eine ganze Reihe von Ahninnen, die hinter der Klientin stehen mit der Absicht, sie von ihrem fortschrittlichen Weg abzulenken oder zurückzuholen. Wie schon erwähnt, sind sie dank einer konsequenten Arbeit selbst offen für aktuelle Einsichten.

TEIL 5: MECHANISMEN DER SELBST-ERSCHAFFUNG

a) Der Schöpfermensch

Die Realität neugestalten und das Kreieren des eigenen Selbstbildes hängen eng zusammen. Das neue Image verlangt oder ruft eine äußere Welt hervor, die dem neuen Gewahrsein entspricht. Öfters wird diese logische Reihenfolge übersehen. Was unter anderem ein Grund dafür ist, warum die Rezepte für „Neues Leben Erschaffen" nicht wirklich funktionieren. Ich denke und fühle mein Selbst neu, bevor ich meine Gestaltungskraft auf die Realität ausübe. Dazu gibt es einen erheblichen Vorteil: es ist leichter und mit geringerem Aufwand verbunden, das Selbstbild zu beeinflussen als die Variantenräume neu zu ordnen. Darüber hinaus fließt der eine Einfluss einher mit dem anderen. Der Fokus liegt auf der Selbst-Reflektion, die sich wiederum auf das Umfeld und die Ereignisse fast mühelos überträgt.

Steht mir Anderes, Besseres zu? Passt eine geeignete Umgebung zu meinem neuen Selbst? Was für eine genau? Habe ich Schöneres, Teureres, Geschmackvolleres, Geräumigeres, Intelligenteres verdient? Solche Fragen setzen eine Auseinandersetzung mit dem werdenden Selbstwert, mit den persönlichen Rechten und Bedürfnissen voraus. Eine neue Frisur, die Suche nach der Traumwohnung, den (endlich) passenden Job..... widerspiegeln alle die Neuorientierung.

Um diese Behauptung nachzuvollziehen, wollen wir erstmals den Menschen als Schöpfer betrachten. Wie kommt er zu dieser „Sonderposition"? Für viele gibt es den Schöpfer (eventuell die Schöpferin, was genauer und geeigneter wäre, auch wenn Grammatik und Geschlechtlichkeit in den höchsten Dimensionen keinen Platz haben) und das Ergebnis seiner schöpferischen Tätigkeit: Schöpfung genannt. Der Mensch ist ein Teil davon.

Woraus erschafft der Schöpfer? Das Postulat ruht auf der Einzigartigkeit des einen schöpferischen Impulses. Es gibt nichts anderes als den göttlichen Stoff, der Erschaffende, der aus sich heraus die Schöpferkraft anregt, um einen Spiegel zu kreieren, damit eine Interaktion zustande kommt. Daraus wird wiederum Erkenntnis gewonnen, um die Vielheit aus seiner originellen Einheit zum Ausdruck zu bringen. Das Kreieren stammt aus dem göttlichen Impuls der erschaffenden Erschaffung. Der Schluss lautet: die gesamte Schöpfung ist göttlichen Ursprungs und beinhaltet das Göttliche in sich.

Der Mensch als Träger des schöpferischen Funkens wird zum Schöpfer. Gott erschafft die Welt; der Mensch erschafft seine Wirklichkeit. In der Essenz birgt er denselben Elan in sich. Diese treibende Kraft entspricht der Ureigenschaft des lebensgebenden Impulses in Verbindung mit formprägender Information, Licht und Resonanz.

Der Klang, das Wort ist der Auslöser. Im übertragenen Sinne steht das Wort auch für das gedachte Wort, den Gedanken.

Auch aus ihm stammen Wellen, Rhythmen und geometrische Formen (siehe die Arbeit mit den Chladnischen Klängen, die Aufnahmen von Dr. Emoto und die wissenschaftliche / künstlerische Forschung von Lauterwasser u.a.). Unsere „Gedankenlandschaft", die gesamte Qualität der Gedanken, ihr Grundton widerspiegelt sich in der Aura, färbt sie, lässt sie vibrieren bis in den Kosmos hinein. Gedanken fließen hinüber zur Gefühlswelt und bilden die tragende Matrix des Wesens.

Gedanken besitzen vibratorische Merkmale. Wenn ich unglücklich bin und Groll, Traurigkeit und ähnliche Gemütszustände mit mir herumtrage, prägen diese Frequenzen meine Aura, meine Organe, meine Charakter- und Gesichtszüge. Dauergedanken üben ununterbrochen ihren Einfluss auf die Zellen sowie auf das Wässrige aus (Das Wasser ist ein starker Informationsträger auch als Körperflüssigkeit), mit den entsprechenden Auswirkungen. Sie setzen sich mit der Zeit auf das ganze Verhalten und das Aussehen nieder. Die Ausstrahlung der Aura verrät alles. Das kann jeder Mensch instinktiv und auf Anhieb erkennen. Die Zellen sind telepathisch und nehmen unmittelbar die Schwingungen auf, die die Aura und den physischen Körper gestalten. Die Psychosomatik kennt die Wichtigkeit der Interaktion zwischen Psyche und Soma, Geist und Körper. Positive Gedankengänge stimmen uns gesund, fröhlich, offen, warmherzig und ziehen Ähnliches an. Die Häufigkeit und sogar die Beständigkeit einer bestimmten Haltung hinterlässt eine deutliche Botschaft, im Gegensatz zu einer einmaligen oder seltenen Verfassung. Darüber hinaus vermischen sich bewusste und unbewusste oder sogar tiefer begrabene mentale Prozesse, die eben den Ton angeben im feinstofflichen Körper, im Gewebe sowie im Blut, in der Haltung und in der Verhaltensweise. Das ist nichts Geheimnisvolles. Das ist sogar eine leicht zu beobachtende Tatsache.

Der vom göttlichen Funken angetriebene Mensch prägt seine Umgebung mit seinem Fühlen-Denken. Die Frequenzen ziehen gleichschwingende Strahlen, Menschen mit ähnlichen Emotionen und Gedanken an. Gleiches zieht Gleiches an und erschafft wiederum Ähnliches weiter. Der Mensch, der seine schöpferische Eigenschaft vergessen oder verdrängt hat, erschafft genauso. Nichtsdestotrotz ist das Ergebnis wirr, unbewusst und von fremden Einflüssen gekennzeichnet. Ein Spiegel von Angst, unordentlichem Zufall, unstrukturiert, disharmonische Muster gekoppelt mit unruhigen und unregelmäßigen geometrischen Proportionen. Unterschiedliche Wesen aus der Schöpfung sind dafür empfänglich: das ganze Universum registriert die Botschaften, die bewusst oder unbewusst gesendet worden sind.

Der Mensch, der seine wahre schöpferische Natur anerkannt hat, denkt, fühlt, lebt und verhält sich entsprechend. Diese Erkenntnis hat nichts mit Intelligenz oder Philosophie oder Esoterik zu tun. Sie ist jedoch ein Spiegel seines authentischen Selbst. Die Kraft der Absicht prägt und führt es. Die Verantwortung sich und anderen Wesen gegenüber, die Klarheit der Handlung und vor allem die Auseinandersetzung mit seinem Denken- / Fühlen-Aspekt sind Zeuge seines inneren Lebens.

Und so schafft er / sie sich eine sinnvolle Welt, die seiner / ihrer Wahrheit entspricht. Eine Oase entsteht, die zwar eigen ist, aber gleichzeitig mit Gleichgesinnten (Mitmenschen auf einer ähnlichen Wellenlänge) korrespondiert und darüber hinaus ihre bereichernde Qualität als Beitrag zum großen kosmischen Sein teilt.

Gelegentlich mag der Verstand Mühe haben, die Selbst-Erschaffung, die neue Erschaffung des Selbst mit der Umgestaltung der Realität zu verknüpfen. Im wahren Leben laufen sie parallel. Was sogar öfters geschieht ist, dass man zuerst merkt, dass etwas von außen nicht mehr stimmt: Das anscheinende Chaos begleitet die Erneuerung, die sich auf unterschiedlichen Ebenen und in verschiedenen Tempi vollzieht.

In jedem Moment erschafft der Mensch, Träger des göttlichen Funkens, seine Welt und leistet seinen Beitrag zu „der Realität". Dieses Kind der Schöpfung, das im selben Zuge ständig am Kreieren ist, erzeugt Gedankenwellen, die ihm sein Inneres spiegeln. Der Schöpfermensch erlangt Selbst-Erkenntnis durch die Innenschau und das äußere Handeln (wobei Nichthandeln auch Handeln ist).

Lange, lange Zeit her wurde dem Menschen die Schöpferrolle entzogen oder genauer gesagt das Wissen darum. Die Ignoranz macht ihn machtlos und ausgeliefert. Das Nicht-Wissen über den inneren Schatz, das Übersehen der göttlichen Kreativität im

Inneren, macht ihn klein und hilflos. Er steht seinem mächtigen Schöpferdrang unbeholfen gegenüber.

Es ist höchste Zeit, dass der Mensch ihn sich wieder aneignet.

b) Unbewusstes wird bewusst

Der Mensch, der sich seiner erschaffenden Fähigkeit nicht gewahr ist, liegt im Wachkoma und wird gelebt von und durch „reale" und astrale Manipulatoren, unbewusste Programme, Triebe und selbstbezogene Motive sowie augenblickliche Anregungen. Ethische, moralische, spirituelle Werte und gesunde Lebensanteile tauchen auch immer wieder auf.

Somit entsteht ein „sich durchwursteln", das von einem „netten oder freundlichen Dasein" untermauert ist, was viele „gut gelebte Leben" prägt. Dieser Zustand gilt für viele als erstrebenswert. Was vollkommen nachvollziehbar ist und in sich viel „Gutes und Positives" in dieser Welt schafft.

Manchmal mag es einem als „Veneer" (Anstrich) oder oberflächliche Schicht vorkommen, die gar nicht ausreicht, um tiefere Gelände zu explorieren. Wegschauen, unter den Teppich kehren, Hinunterschlucken, auf die Seite schieben, Verdrängung und Unterdrückung befinden sich unter der Oberfläche. Öfters wird eine eintönige Harmonie gepflegt, um mit der Vermeidungstechnik weiter zu fahren wie gehabt.

Ist das eine pessimistische, mittelmäßige Betrachtung des „guten Menschen"? „Der Gutmensch" in seiner angestrebten Zufriedenheit. Ich kultiviere sie auch, weil sie ausschlaggebend ist für eine gesunde und fruchtbare Basis der alltäglichen Interaktion. Problematisch, sogar kontraproduktiv wird sie, wenn sie das Erreichte als Endstation betrachtet. Kurzsichtiger Blick, der sich verweigert, rechts und links zu schauen und mit Befriedigung auf sein Werk (und sein Leben) schaut mit einem sanften Seufzen von materieller Erfüllung, die sich nicht wagt, mehr und weiteres zu fordern. Von Erschaffen ist kaum die Rede, sondern eher von Nachahmen. Aber „alles ist gut", laut dem modischen Spruch. Manchmal in meinem provokativen Unterton würde ich gerne fragen: „Oh wirklich? Sind Sie sicher, dass alles gut ist?"

Bitte missverstehen Sie mich nicht! Durch meine astrologische Konstellation neige ich zum Harmonischen, bis zum lächerlichen Zwang alles gut, schön, sauber, ordentlich und bequem haben zu wollen. Dann schalte ich meinen bohrenden hellsichtigen Blick ein und fange an, alles aufzuwühlen, um es tiefer zu untersuchen. Denn das Oberflächliche gönnt mir keine Ruhe; ich muss und ich will in die Tiefe gehen. Können Sie sich vorstellen, wie mühsam das ist? Mit der Zeit habe ich gelernt, diese Eigenschaft zu schätzen. Ich umarme sie und bin dankbar für die Aufgabe, die sie birgt und die mich ausmacht, denn sie beinhaltet den Transformationsimpuls.

Schauen Sie sich auch gerne im Spiegel an oder empfinden Sie Unbehagen? Wenn ja, dann ist es Zeit aufzuräumen - und zwar alles Stück für Stück aus dem Gewissenskeller.

Warum das denn, wenn „alles gut" zu sein scheint? Weil das Bewusstsein reines Licht ist und alles durchblickt, bis das Herz klar und wahr wird. Dann und erst dann kann Liebe zum Ausdruck kommen.

Liebe ist kein Veneer, und auch kein „Gefühl". Liebe ist so umfassend tief, hoch und weit, dass das Konzept jede Vorstellungskraft überragt. Liebe und Licht sind die beiden Aspekte des Einen, des einen Bewusstseins.

Machen wir einen tröstenden Zwischenhalt auf dem Weg der Wahrhaftigkeit. Ich erinnere mich selbst daran, wenn ich unerfreuliche Entwicklungen der Welt erfahre. Wenn die zwei Seiten derselben Münze Liebe / Licht die Gesamtheit der Schöpfung zusammenhalten, dann herrscht doch eine Fülle an „Leim", an dieser Kraft, die alles zusammenbringt und zusammenträgt von den Planeten im All bis zu den Zellen in meinem Körper. Denn trotz allem entfaltet sich der Kosmos in seiner unendlichen Pracht weiter, auch wenn die chaotischen Wehen des Erwachens ihren Tribut verlangen.

Nach der erlangten Harmonie, dem „alles gut" und der kurzen Pause, wollen wir aber weiter. Keineswegs ist es Zeit, uns auf unseren Lorbeeren auszuruhen: wir haben nämlich noch keine Lorbeeren verdient. Bewusstsein ist forschend und will hinterfragen und ergründen. Das Harmonische und die Zufriedenheit sind erst die Basis, die Voraussetzung, das Sprungbrett für die eigentliche Arbeit. Jetzt fängt die spirituelle Erforschung, die Arbeit an sich, an.

Selbst-Erkenntnis enthüllt, was wir aus vorigen Leben mitgebracht haben, was wir geerbt und was wir uns für diese Inkarnation vorgenommen haben. Nur durch den gelebten Prozess und die Interaktion begegnen wir unseren inneren Schätzen und Aufgaben. Leben bedeutet: ausdrücken, wer ich bin und was ich werden will innerhalb des Raum - Zeit Kontinuums in der irdischen Verkörperung. Austausch mit Allem und Allen, die im Augenblick gegenwärtig sind, enthüllt Fähigkeit und Unzulänglichkeit zugleich und schenkt immer wieder neue Reaktionsmöglichkeiten. Freiheit, Verantwortung und Ehren des Weges, Menschen, Begebenheiten, Natur inbegriffen, sind unsere Geistführer in das Unbekannte, welches das Licht ruft und um Gewahrsein ringt.

Das Unsichtbare wird bewusst: ich sehe, was ich in mir vorher nicht wusste, kannte und ahnte. Ich zeige mir selbst, den anderen und der gesamten Welt, wer ich bin, was in mir steckt und was zum Ausdruck drängt. Das Gespiegelte wird wiederum zum Spiegel, zum Licht oder zum Fenster. Es gibt aber auch verzerrte Spiegel.

Absichtlich habe ich mich bis jetzt darauf beschränkt, Prinzipien zu erwähnen, ohne Nachdruck auf positiv oder negativ. Denn sogenanntes Negatives kann sich auch als wertvolle Einsicht oder als entscheidender Impuls entpuppen. Darüber hinaus ist es sinnvoller Mechanismen zu begreifen, anstatt die belanglosen Urteile „gut, nicht gut", „schön, nicht schön" zu verwenden. Verständnis fordert Erkenntnismöglichkeiten, die Wachstum und Voranschreiten fördern. Ebenso sieben und filtrieren, auch Unterscheidungsfähigkeit genannt, denn sie wiederum sind notwendig, um Handlungen in die eine oder andere Richtung zu motivieren und zu steuern. So baut man das Gebäude des Selbst auf.

Was unbewusst, unbekannt und tief vergraben war, kommt ins Licht der Erkenntnis. Diese Wandlung entspricht der Symbolik der Dunkelheit, die vom Gewahrsein durchleuchtet wird oder des Diamanten, der geschliffen wird. Dies ist die alchemistische Arbeit im Alltag. Das Licht leuchtet auf die Unkenntnis und verwandelt sie mittels seines Durchblicks. Wir begegnen unserer Schattenseite. Sie wird dann durch- und beleuchtet. Das Umgepolte wird nach und nach integriert. Es verlässt die Dunkelheit und wird selbst zum Licht. Was wir in uns transformiert haben, können wir in anderen erkennen. Die innere Topologie wird nach und nach aufgedeckt, bis wir zum Überbewusstsein gelangen.

Dieser höhere Aspekt in uns beinhaltet unseren weisen Anteil zusammen mit dem höheren Potential und unserem Idealbild. Die Reise dorthin scheint über das Unterbewusstsein zu gehen durch die „dunkle Nacht der Seele". Vergleichbar mit einem Haus, in dem wir unbedingt zuerst den Keller aufräumen müssen, bis wir das Überbewusstsein erreichen, nämlich die oberen Etagen. Die Auseinandersetzungen mit unseren unterschiedlichen Facetten drücken sich schlussendlich im Alltagsbewusstsein aus. Sie bereichern sie und machen aus einem flachen Gebilde eine vielseitige und vielschichtige Persönlichkeit. Ihr energetischer Beitrag zur Menschheit, aber auch zum Universum, lässt das Licht erstrahlen. Die drei Etagen des Hauses besitzen ihre separaten Aufgabenbereiche und Räume, obwohl sie miteinander verbunden sind. Sie sind Teil des einen ewigen und spirituellen Wesen, das sind wir in der Essenz.

Lichtwesen sind im Himmel eingekesselt worden und die Unsterblichkeit zu einem einzigen Leben reduziert. Die Erkenntnis, dass wir als Seele ewig sind und dass die Auswirkung unserer Handlungen reich an Folgen ist, wirft ein ganz anderes Licht auf unsere Essenz sowie auf den Wert unserer Inkarnation. Nicht nur stehen wir in ständiger Wechselwirkung mit dem Rest des Universums, sondern unsere gegenwärtige Individualität erstreckt sich über Äonen.

Die Antwort auf die ewigen Fragen: Wer bin ich, woher komme ich und wohin gehe ich, verlangt mehr als eine flüchtige, kurzzeitige und rein materielle Erklärung. Der Mensch hat sich seiner Ewigkeit, seiner Unsterblichkeit und seiner Individualität berauben lassen. Vergleichbar mit dem stolzen, kraftvollen Bock, der zum umgänglichen Schaf mit hängenden Ohren geworden ist oder mit den Hunderassen mit süßem Ausdruck und ebenso hängenden Ohren, ist der Mensch abhängig, ahnungslos und steuerbar, ein Schatten seines wahren Selbst über Millennien geworden. Wer hat uns die 90 % DNA geklaut? Wo sind sie denn? Jawohl, genau diese 90 % DNA, die die Wissenschaft „Trash DNA" in der Apotheose ihrer Ignoranz nennt.

Die Auseinandersetzung mit unseren menschlichen Wurzeln, mit unserem Ursprung und mit unserer Evolution sprengt die Scheuklappen der Wissenschaft. Es gibt immer mehr konkrete Beiträge und Belege, die uns eine ganz andere Geschichte erzählen als die, die wir in der Schule gelernt haben. Hierzu möchte ich folgende Namen erwähnen: Anton Parks, Barbara Marciniak, David Icke, Michael Tellinger und Dr. Sam Osmanagich. Diese Menschen sind mutige Forscher mit sehr unterschiedlichen Horizonten, die wertvolle und sich ergänzende Beiträge liefern zu einer erweiterten Betrachtung des menschlichen Daseins und deren Zeitspanne.

Wozu sich mit dem Ursprung der Menschheit beschäftigen? Wir wollten nur ein neues Selbstbild erschaffen! Hier machen wir aber keine Schönheitschirurgie oder aufgestülpte Psychologie nach dem Motto „Selbstbewusst an einem Wochenende". „Wozu?" fragten sie. Unsere Aura, unsere DNA, unsere Zellen, unser Bewusstsein und die Akasha-Chronik tragen in sich Erinnerungen einer Zeit und von einer Geschichte, die den Menschen als göttliches Wesen mit grenzenlosem Wissen und Fähigkeiten bezeichnen. An der Oberfläche zu kratzen reicht nicht mehr, den Putz auf der Fassade zu reparieren auch nicht. Das Bewusstsein der Erde und im Kosmos erweitert sich und somit auch das steigende Gewahrsein des Menschen. Auseinandersetzungen mit der Tiefe unseres Ursprungs und mit der Weite unserer wahren Fähigkeiten prägen unseren Alltag mit dem Glanz der Einzigartigkeit, der Wahrhaftigkeit und der übergreifenden

Verantwortung für die Menschheit und alle anderen Wesen im Kosmos.

Ein lang erwartetes Erwachen streckt seine Glieder und öffnet endlich seine Augen. Die innewohnenden Ahnungen und Erinnerungen werden aktiviert und neues Leben reckt sich wach.

c) Die Spiegel

Alles, was wir erleben, alles, was wir begegnen, steht in Resonanz mit uns. Es besteht eine energetische Verbindung zwischen diesen Menschen, diesen Ereignissen, diesen Welten und wer wir sind. „Es hat nichts mit mir zu tun" sagt mancher. Die beunruhigende Antwort lautet: doch, auch wenn es dir nicht gefällt. Diese Tatsache anzunehmen, ist wichtig. Wir sind Teil dieser Welt, dieser Schöpfung. Auf einer energetischen Ebene teilen wir das gesamte menschliche Karma aus dem Grund, dass wir in der Gesamtheit des Menschseins eingebettet sind. Großzügiger betrachtet schwingen wir mit allem, was auf der Erde und im Kosmos lebendig ist. Wir sind Teil des Lebendigen, was mit dem erweiterten Bewusstsein des großen Ganzen gleichzustellen ist.

Sich abzuschotten und Zäune zu bauen scheint eine Spezialität des Menschen des 21. Jahrhunderts. Sie ist eine Illusion. Nicht, dass wir alles mitmachen müssen! Bei weitem nicht. Abgrenzung ist notwendig und überlebenswichtig. Jedoch wie wir damit umgehen, was uns begegnet, ist entscheidend. Denn die Wirklichkeit spiegelt uns teilweise, was wir nicht sehen und nicht wahrhaben wollen, sogar das Wetter, aber das ist eine andere Geschichte!

Wenn ich damit beschäftigt bin, mir ein neues Selbstbild zu legen, halte ich Ausschau nach Modellen, Mustern, Vorbildern, die mich inspirieren. Das Gewahrsein filtert aus der Realität, was mich interessiert oder fasziniert. Wenn ich meine Aufmerksamkeit auf eine bestimmte Automarke lenke, scheinen auf einmal unzählige von diesen ausgewählten Fahrzeugen unterwegs zu sein. Das gilt für alle und alles, was wir betrachten, als ob wir eine filtrierende Brille tragen würden: nette Ausländer, reiche Leute, flache Absätze, blaue Blumen, Eigenschaften. Die Täuschung aber liegt darin, dass wir ausschließlich das Gefilterte für wahr und real halten.

Das Prinzip der Resonanz funktioniert auch, wenn die Ausrichtung nicht so klar und bewusst ist. Sie schafft dann eine unklare Programmierung, die gerade das entsprechende Spiegelbild liefert: verschwommen, trüb, ängstlich, mit Zweifeln und Ambivalenz verzerrt. Gerade zeigt es das, was wir nicht haben wollen, was wir vermeiden wollen.

Die Klarheit der Absicht zieht das Erwünschte an, das bedachte Denken - Fühlen wirkt als Magnet und der offene, geistige Blick richtet seine schöpferische Kraft auf das Endziel. Das Innere wird zum Äußeren und umgekehrt.

Zurück zu den Spiegeln, die ganz unterschiedliche Reaktionen aus uns herausbeschwören, von den positivsten bis zum entgegengesetzten Spektrum. Das Erkennen der Palette ist in sich etwas Wertvolles, das unmittelbar Erkenntnisse anregt. Es gibt aber viele Varianten von Spiegeln: manche sind klar und deutlich und richten ihre Botschaft direkt zur Seele, andere verzerrt und pathologisch. Was wir daraus machen, ist das Entscheidendste und das Faszinierendste von allem. Die Art und Weise, wie wir mit der Situation umgehen, ist unmittelbar aussagekräftig: unser Wesen zeigt unsere authentische Kohärenz oder unsere mangelhafte Integrität. Somit bietet sie die beste Möglichkeit unseren Diamanten zu schleifen.

Die Akzeptanz des Spiegels bedeutet keineswegs, dass wir uns von allen Eindrücken überrumpeln lassen. Im Gegenteil! Nach dem Betrachten folgt die Verpflichtung zu filtrieren, zu sieben. Die Unterscheidungsfähigkeit erkennt die wahre Resonanz und gleichzeitig, was wir sind, was wir wollen und was wir daraus zukünftig gestalten wollen. Was bei der Bearbeitung des Selbstbildes im Werden ist, soll unentbehrlich achtsam behandelt werden. Das Selbstbild ist nie statisch und ergänzt sich ständig aus den unendlichen Puzzleteilchen des Alltags. Das Selbst-Gewahrsein schöpft aus den positiven sowie aus den nachteiligen Beispielen. Wer klug ist, kann sich unter Umständen Misserfolge, Enttäuschungen und weitere Herausforderungen ersparen, indem die eigenen sowie die „Fehler" anderer als Lektion dienen. Wir ergänzen unsere Lernaufgabe, dadurch dass wir die Essenz, den Sinn, die Weisheit aus den Fehlern herausfiltrieren. Diese Art der Beobachtung kann eine schonende Quelle der Erkenntnis sein.

Wesentlich ist es eine Wahl zu treffen, eine Richtung einzuschlagen. Die bewusste Resonanz zwischen dem Spiegel und der persönlichen Erschaffung soll verfeinert werden. Jedes Stückchen, das man sich achtsam aneignet, wird an die gegenwärtigen Bedürfnisse angepasst. Sich zu positionieren wird immer wichtiger, wobei Selbst-Erkenntnis, Ziele, Einzigartigkeit und die Fähigkeit sich selbst treu zu bleiben entscheidend sind. Wir verfügen über immer mehr Spiegel, die die eigene Wahrheit und Authentizität herausfördern. Was drin liegt, wird nach außen herausgeholt: somit haben wir die besten Chancen zu werden, wer wir sind.

Ein geeigneter Surrogat für einen Spiegel kann eine Therapeutin / ein Therapeut sein, die / der kein Adept einer bestimmten Schule oder Methode ist, sondern eine Person, die zwar Werkzeuge anwendet, um sich in der inneren Topographie des Klienten zu orientieren, jedoch keine einengende Technik. Keine Zwangsjacke, die auf den besagten Klienten übergestülpt wird. Wenn der Empfänger sich in einer Prozedur eingeengt fühlt, ist die Arbeit schlicht und einfach nicht stimmig.

Ein Spiegel reflektiert, was vorhanden ist und macht aufmerksam auf Gegenstände oder im übertragenen Sinne auf Charakterzüge, die man ohne Interaktion nicht bemerkt hätte. Es ist eine neutrale Hilfe: die Beobachtung, die Deutung und die Schlüsse bilden die persönliche Interpretation des Wahrgenommenen.

Manche Spiegel sind mehr als gewöhnliche Spiegel: sie sind Fenster und eröffnen eine weitere Perspektive. Auch in diesem Falle ist das Fenster in sich neutral. Es fungiert als Katalysator. Der sogenannte Klient ist auf alle Fälle dafür zuständig, ob er willig, fähig und bereit ist, seinen Blick in den Spiegel und / oder aus dem Fenster zu richten.

Es ist sinnvoll einen kompetenten Begleiter für die Fortschritte zu nehmen. Besonders am Anfang ist es unentbehrlich sich Unterstützung zu holen. Die ersten Anregungen sind richtunggebend und vermeiden Selbsttäuschung.

Irgendwann später mag sich eine gewisse „Objektivität" sich selbst gegenüber entfalten. Wahrhaftigkeit ohne Kompromisse für sich, sowie die gründliche und aufrichtige Untersuchung der eigenen Motivation sind wertvolle Beobachtungstechniken.

Kann man selbst Spiegel und Fenster sein? Mit Hilfe der Höheren Instanz, mit Unterstützung der Existenz ist es durchaus möglich: das Leben wird zu Spiegel, Fenster und Inspirationsquelle. Es ist ausreichend, darum zu bitten. Diese Methode ist sehr wirksam und mag überfordernd sein, wenn man (noch) nicht wirklich bereit ist, die Wahrheit zu konfrontieren. Sonst funktioniert es schnell und mit überaus deutlichen Botschaften, die nicht immer diejenigen sind, die man erwartet oder sich wünscht. Die Wahrheit verwendet eine klare Sprache und schmeichelt nie dem Ego.

d) Selbstwert / Selbstboykott

Bei der Erschaffung des neuen Selbstbildes spielen Selbst-Erkenntnisse eine entscheidende Rolle. Idealerweise hat eine intensive Arbeit an sich zuvor stattgefunden, unter Aufsicht einer kompetenten Therapeutin. Einsichten und Erkenntnisse in verschiedenen Bereichen der eigenen Multidimensionalität hat man mit der größten Ehrlichkeit gesammelt.

Folgende Technik schlage ich vor als Einsicht über sich selbst:

Die Selbst-Annahme und die Begegnung mit den persönlichen Unzulänglichkeiten sind fair, authentisch und genauso wohlwollend wie sie bei einer guten Freundin / einem guten Freund wäre. „Ich bin meine beste Freundin", „Ich bin mein bester Freund" könnte eine hilfreiche Affirmation sein. Fühlen Sie bitte hinein und beobachten Sie die Reaktionen, die hinaufsteigen. Sie werden auf alle Fälle höchst interessant sein, so sehr, dass Sie sie aufschreiben, ja richtig formulieren sollten. Bitte unbedingt Emotionen und körperliche Auswirkungen auch notieren. Diese Übung ist entscheidend für weitere Arbeiten sowie für das Gelingen des Selbstbildes. Es lohnt sich kaum fortzuschreiten, wenn die Basis nicht stimmt. Das Erschaffene wird keinen Boden und vor allem keine funktionierende Realität besitzen. Man wird sich auf Sand bewegen in der Welt der Illusion und des Wunschdenkens. In dieser Rolle sieht es aus, als ob man eine Maske aufgesetzt hätte: sie ist leicht erkennbar und durchschaubar. „Möchte-gern" und „tun, als ob" kann sehr nett aussehen und wird wohl ankommen bei

Menschen, die damit in Resonanz stehen, bis sie merken, dass sie sich in einer Welt des Selbst-Betrugs und der Lüge bewegen. Hat man die Qualität bei sich eingesehen und eingestanden, wird sie einem auf den ersten Blick bei Anderen auffallen. Die „Landschaft" wird eine neue Tiefe gewinnen und vielleicht nicht mehr so naiv, so eindimensional aussehen. So erlangt man den Zugang zu den grundlegenden Motiven.

Wir befinden uns jetzt in einer fortgeschrittenen Entwicklung. In unserem Leben haben wir uns schon über- und unterschätzt: wir wissen, worum es geht und wie es sich anfühlt. Hoffentlich ohne schädliche Folgen. Nichtsdestotrotz ist die Erfahrung notwendig, sonst erlangen wir keine Weisheit und wir sind nicht imstande die notwendige Entscheidung zu treffen, um uns selbst auf geeignete Art einzuschätzen.

Es ist die Kunst Plus und Minus im Gleichgewicht zu halten. Dafür dürfen wir uns und unsere innewohnenden Eigenschaften sehr gut kennen. Z. B. neigen Feuerzeichen eher dazu, impulsiv zu sein oder übermäßig begeistert zu handeln. Andere mögen besonders lange abwägen oder langsam in die Gänge kommen. Diese individuellen Merkmale müssen unbedingt mit einbezogen werden. Die Begegnung mit sich selbst ist einzigartig und kann nur beschränkt von äußeren Beispielen und Vergleichen profitieren. Unser Wesen filtriert alles. Trotzdem gilt es, sich und die persönlichen Neigungen mit Abstand und so neutral zu bewerten wie möglich. Tatsächlich als ob wir jemand anders wären, obwohl wir genau wissen, wozu wir tendieren im positiven sowie im negativen Sinne.

Gleichgewicht, der Weg des Mittelweges, der Goldene Weg hat erstmal nichts zu tun mit Mittelmäßigkeit. Das mag erwähnenswert sein. Das Ausgewogene zu erreichen und zu halten ist eine ständige menschliche Aufgabe, indem wir es immer wieder verlieren und noch einmal wiederherstellen wollen. Das Gleichgewicht ist kein starrer Wert, der ein für alle Male erreicht wird. Im Gegenteil ist es ein beständiges Streben, das mit sich Entfaltung und Erfolg trägt. Immer wieder fallen und sich wiederaufrichten: der Verlust des Gleichgewichts im physischen Sinne steht für unsere ersten Schritte und versinnbildlicht unsere Bewegung durch polare Schwankungen zwischen oben und unten, Himmel und Erde, Erdanziehungskraft und Abheben. Als Kleinkind sind wir doch so eifrig, die ersten Schritte zu gehen. Schade, dass manche mit der Zeit so überdrüssig werden, wenn es darum geht, sich zu entfalten, „den Weg zu gehen". Vielleicht mag ihnen das Reflektieren über das Aufrechterhalten des Gleichgewichts wieder Lust und Freude an dieser Übung verleihen.

Übung: Der Punkt in der Zukunft

Mit Ihrer Imagination markieren Sie einen Punkt gerade vor sich hin. Er verkörpert Ihr Ziel: möglicherweise werden Sie ein paar Abweichungen rechts und links, oben und unten, schräg oben links und so machen, bevor Sie das Ziel erreichen. Das ist durchaus in Ordnung. Die Hauptsache ist, dass Sie Ihr Vorhaben im Auge behalten und den Weg dorthin nicht vernachlässigen. Ethisch und moralisch ist das Begehen des Weges wesentlicher als das Ankommen. Gehen Sie über Leichen, um den vor Ihren

Augen schwebenden Punkt zu erreichen? Stolpern Sie ständig? Schauen Sie nur noch rechts und links, was die anderen sagen oder denken? Wie gehen Sie den Pfad, Ihren Pfad? Fröhlich, dankbar, gerade oder auf geniale Weise, indem Sie das Universum umarmen?

Wann sind Sie im „zu viel" - Selbstüberschätzungsgefahr? Wann sind Sie im „zu wenig" - Selbstunterschätzungsgefahr? Machen Sie achtsame Schritte! Diese werden Ihnen die Zeit, die Muse und die Klarheit schenken, Ihre Vorgehensweise zu temperieren und nach Bedarf zu beschleunigen oder anders anzupassen. Wenn nötig können Sie sich mehr behaupten, andere Male eher passiv und abwartend sein, sonst holen Sie sich Unterstützung und Beratung. Das sind einige Beispiele, die Ihnen zu Verfügung stehen, solange Sie im Auge behalten wer Sie sind, was Sie können und nicht können. Gerade damit, dass sie Ihre Fähigkeiten erweitern.

Immer wieder halten Sie inne, um festzustellen, ob Sie überhaupt noch auf IHREM Weg sind. Dafür benötigen Sie Abstand. Beobachten Sie das Ganze von Oben oder aus einer einsichtsvollen Entfernung. Die Hauptsache ist, dass Sie nicht mehr „darin stecken". Sie werden Zeuge. Sie sind die Beobachterin. Das Ewige, das Unendliche in Ihnen wird allmählicher fassbar. Dieses Streben, diese Disziplin findet man in praktisch allen Weisheitslehren. Solange Sie sich mit Ihrem Ziel, mit Ihrem Weg und allen Einzelheiten und Emotionen identifizieren, die sie beinhalten, fällt es schwer als erleuchteter Zeuge zu fungieren. Abstand gewinnen und relativieren.

Abwägen und fühlen - denken, was Ihr Wesen Ihnen telepathisch flüstert nicht nur im Ohr, sondern in jeder Hautzelle, in Ihrer Aura, in Ihrem Herzen, aus dem Bauch heraus.

Was ist mit Zweifeln? Wir wollen sie willkommen heißen nur bis zu einem gewissen Grad. Teilweise mögen sie unsere Aufmerksamkeit auf Betrachtungsweisen, Fallen und Gefahren ziehen, die wir eventuell übersehen oder vernachlässigt haben. Sie sind nun dafür bekannt, dass sie gerne alle Gewissheit zunichtemachen können, indem sie Schwankungen in fest verankerte Entschlüsse hineinfiltrieren. Auch mit dem Zwiespalt ist das rechte Maß angebracht. Nachdem das Zwiegespräch und das Hin und Her in Betracht gezogen worden ist und die sinnvollen Aspekte heraussortiert worden sind, gilt es, die Skepsis über Bord zu werfen und mit dem Projekt voran zu kommen. Dann folgen wir den inneren Regungen in vollkommener Hingabe. Sie stammen nämlich aus dem Höheren Selbst, das die Übersicht über unsere Evolution sowie spezifischen Aufgaben in dieser Inkarnation innehat.

Ein Vorhaben lohnt sich nur, solange wir es für sinnvoll, interessant und überzeugend halten. Dafür setzen wir alle Talente, worüber wir verfügen, ein und entdecken im selben Zuge noch unzählige, wovon wir bis jetzt keine Ahnung hatten. Projekte, die mit Zweifel, Unsicherheit, Mangel an Leidenschaft und weiteren pessimistischen Projektionen überschattet sind, sind von vorne herein zum Scheitern verurteilt.

Sich in die Zukunft zu projizieren, die neue Identität gesamt Rollen, Beschäftigungen und sogar das frische Aussehen und Verhalten ruht auf der Fähigkeit, die erwünschte Erneuerung zu visualisieren und faktisch zu erleben, als ob man sich schon in seiner neuen Haut befinden würde. Die Programmierung kann erfolgen durch folgende Technik:

Sie versetzen sich in einen Zustand des Tagträumens, entspannt und allen gegenüber wohlwollend, sich selbst einbegriffen. Sie stellen sich eine Szene vor, die Sie sich als Sinnbild für den zu erreichenden Zustand vornehmen. Die Einzelheiten sind nicht so wichtig. Der Hauptfaktor sind die Empfindungen, das Gefühlsmäßige. Das muss stimmen. Und es soll sich in und durch den Körper ausdrücken. So fühlbar, dass es einem einen glücklichen, sinnlichen Schauder verleiht. Realität sitzt in den Zellen über der hyperborealen Wirklichkeit der Dimensionen. Gedanken entstehen nicht im Gehirn. Dort werden sie bestenfalls empfangen nach dem Prinzip der Resonanz. Mentale Vorstellungen gehören Dimensionen und werden „ausgeliehen". Das ist ein Geheimnis. Nun ist es Ihnen auf unauffällige Weise enthüllt worden. Ziehen Sie also die höchsten und besten Ideen an, zu denen Sie fähig sind. Stellen Sie sich vor Ihnen auf. Vergegenwärtigen Sie sich das Bild zusammen mit Gefühl und lassen sie sich davon nach vorne führen. Sie gleiten dann mühelos auf Ihr Ziel zu.

Tun Sie das und nichts anderes. Lassen Sie los. Freuen Sie sich und entspannen Sie sich in der Gegenwart. Kultivieren Sie Achtsamkeit und bleiben Sie wach und offen und vor allem zuversichtlich. Die Schwierigkeit liegt darin, dass es vielleicht manchen zu einfach, zu sanft, zu leicht vorkommt. Wer gerne kämpft, sich verkrampft, sich von Kummer und Sorgen zermürben lässt, fühlt sich von meinem Vorschlag überfordert, glaubt nicht daran, glaubt nicht an sich aber auch nicht an die Wunder des Lebens, des Daseins.

Wenn Sie imstande sind mit dieser Technik etwas anzufangen, üben Sie sie und beobachten Sie Ihre Reaktionen. Sie werden nach und nach alles umkrempeln, was Ihnen im Weg steht: Negative Programmierungen aus der Vergangenheit, vom Elternhaus, Ängste und Muster aus dem kollektiven Unbewussten. Und erinnern Sie sich, dass Sie ein Schöpfermensch sind, wie alle anderen Menschen auf dieser Erde.

Selbst-Boykott entspricht der unbewussten Angst vor der eigenen Größe. Er setzt den Kern der Person unter Druck innerhalb eines Dilemmas. Einerseits will sich der Mensch behaupten und den Sinn und Zweck seiner Existenz zum Ausdruck bringen, wie dies seinem wahren Selbst entspricht. Das ist der Anteil, der der vorwärtsdrängenden Bewegung der Evolution folgt. Ausdrücken, wer wir sind auf unsere natürliche Art und Weise. Gleichzeitig wird dieser Drang blockiert. Entweder direkt oder eher mit gegen sich ausgerichtete Aggression, die das angeblich Angestrebte zum Misserfolg führen. Unter Umständen wird er von Bestrafungen begleitet, um die Schuldgefühle zu bewahrheiten und zu bestätigen: „wer bist du, um solches zu erstreben? Das kannst du nicht, dazu bist du nicht fähig: siehst du, das ist der Preis, der dafür zu zahlen ist." Die eigene wahre Größe braucht nicht bewiesen zu werden: sie ist in und an sich. Das Lebendige, das seinen persönlichen Auftrag im Leben zum Ausdruck bringt. Dieses Wunder ist Ehrfurcht einflößend.

e) Realistische Selbstwahrnehmung

Die Existenz ist ein Geschenk. Das Leben ist eine Reise. Dankbarkeit und Hingabe an das Sein ist das Einzige, was Ihnen gehört und Ihnen zusteht. Sie haben die Aufgabe übernommen, Ihr Selbst hier auf Erden zum Ausdruck zu bringen. Das macht Sie erfüllt, nährt Sie auf allen Ebenen und erfreut Ihre Mitmenschen und andere Lebewesen in der Schöpfung. Das ist Ihre Aufgabe.

Nun müssen Sie erkennen, was alles in Ihnen steckt. Sonst können Sie es nicht zum Ausdruck bringen. Hier geht es nicht um eine formelle Fragerei, sondern ums Leben. Zwar sind Astrologie, Numerologie und bestimmte Hinweise in der Aura richtunggebend, aber auf der Manifestationsebene gibt es nichts, was Erfahrungen sammeln, Einsichten gewinnen übertrifft. Fehler machen und heilen, was Heilung braucht, gehören dazu. Den Prozessen des Lebens vertrauen und mit ihnen fließen in die Fließrichtung, die Ihr Leben gewählt hat, die Sie als Seele selbst gewählt haben. Freude ist Ihr Reiseführer. Sich selbst treu bleiben, hält Sie auf der richtigen Spur.

Sie sind also nicht nur hier, um Dinge zu erfahren, wie es manchmal papageienartig wiederholt wird. Sie sind hier auf

Entdeckungsreise, um das Wesen in der materiellen Welt zum Ausdruck zu bringen.

Das ist längst keine Job-Beschreibung. Und vom Gehalt ist noch keine Rede. Sie fokussieren auf die Essenz, der Rest folgt. Wenn das Wichtigste stimmt, wird alles andere nach und nach ins Lot kommen. Es gibt kein Versprechen auf Ruhm, großes Geld, besondere Konditionen. Tun Sie, was Sie zu tun haben im momentanen Rahmen, so gut wie möglich, auf Ihre ganz persönliche Art und Weise. Ganz einfach. Was jetzt ansteht: Schritt für Schritt. Wie eine Rose eine Rose ist oder ein Löwenzahn ein Löwenzahn in seiner natürlichen Pracht. Aufstiegsmöglichkeiten gibt es immer, denn Sie werden sich unweigerlich verändern und Ihr Bewusstsein sich erhöhen. Sie werden sich und Ihr innewohnendes Wesen ständig entfalten. Wie immer geben Sie Ihr Bestes. Einfach, achtsam und gut. Das reicht für heute, für morgen. Bleiben Sie bei sich.

Sie bekommen alles, was Sie brauchen, um Ihre Aufgabe zu erfüllen. Auch wenn die Umstände bescheiden sind, auch wenn Hürden vorhanden sind, auch wenn Sie auf Ihrem Weg getestet werden. Es ist alles Teil des Pakets. Klein anfangen ist immer gut: dafür hat man viel Raum zu wachsen, Hürden machen stark und bodenständig und Prüfungen sind eine Garantie auf Echtheit. Besonders im spirituellen Bereich wollen Sie kein naiver Nachahmer sein.

Aus Ihrer Perspektive bedeuten realistische Wahrnehmungen: von innen nach außen wirken, dann zurück nach innen und weiterhin den inneren und äußeren Austausch pflegen. Das Innere ist der Auslöser. Die persönlichen Begabungen definieren und an die Möglichkeiten der Umgebung adaptieren. Den Rückmeldungen folgend weiterhin den kreativen Fluss anpassen, verbessern und einen differenzierteren, individuelleren Ausdruck schenken.

Das Selbst will geboren werden. Jede Geburt ist einzigartig. Nun werden Sie merken, dass gewisse Aufträge sich als Priorität aufdrängen und dass bestimmte Talente Ihnen verwehrt bleiben. Es ist selbstverständlich: Kein Mensch kann alles. Wo Ihre Begabungen und Ihre Erfüllung liegen, da finden Sie Ihre Geschenke gemeinsam mit Ihrer ganz individuellen Art, sie der Welt zu schenken. Menschen, Tiere, Pflanzen, Energien, die Seele der Welt wird sich bei Ihnen bedanken und Sie wiederum bereichern.

Ihr Leben wird zum Kunstwerk, das nicht nachgeahmt werden kann. Sie bleiben wahrhaftig und ihre Kreation definiert Sie genauso wie Sie sich damit identifizieren. Wer und was Sie sind, sind eins, denn Sie haben erkannt, dass Sie Ihr Leben nicht verdienen müssen, da Sie es schon geschenkt bekommen haben.

f) „Think Big"

Realistisch sein und große Projekte planen. Ist das ein Paradox? Bescheidenheit und die Grenzen des Machbaren vorwegschieben: ist es vereinbar?

Ihre Seele ist Ihr Auftragsgeber. Sie weiß, wozu Sie hier sind. Sie kennt den Sinn dieser Inkarnation in dieser symbolträchtigen Zeit. Die Evolution der Erde, der Menschheit und aller inkarnierten Wesen auf dem Planeten sind bereit dafür. Sie kann nicht verhindert werden, auch wenn einiges getan wird, um die Energien zu verzerren: elektromagnetische krankmachende Strahlen, Radioaktivität, Impfungen, psychotropische Medikamente, Bakterien, Viren und Chemtrails. Natürliche Kräfte haben immer das letzte Wort. Wir können sie verkörpern, und unsere Lebenskraft damit stärken, anstatt das Lebendige zu bekämpfen. Mit dem Lebensfluss fließen oder der Natur den Krieg ansagen? Mit dem Wesen eins sein oder die fragmentierte Selbst-Zerstörung angehen?

Der freie Wille gewährt uns sogar die Möglichkeit zu zerstören, was das Göttliche schöpft. Alles hat seine Folgen und seine Grenzen, auch wenn der moderne Mensch sich wie ein respektloser Bube verhält und lauter Grenzüberschreitungen begeht. Harmonie ist aktives Gleichgewicht zwischen persönlichem und höherem Willen. Dein Wille ist mein Wille im Einklang mit dem großen Ganzen.

Das „Think Big Paradox" ist also kein endloses wirtschaftliches Wachstum und auch kein Egotrip-Projekt von Gier und Unersättlichkeit gekrönt. Großzügige Vision ist jedoch im Einklang mit dem Auftrag des Schöpfermenschen. Die Selbst-Heilung ist ein wesentlicher Teil davon mit allen Zusammenhängen, die andere Menschen und die gesamte Menschheit einschließt. Den richtigen Platz des Menschen innerhalb der Schöpfung wiederzufinden, beinhaltet einerseits eine ökologische Definition, andererseits eine spirituelle Wiederverbindung mit dem sakralen Leben. Die Hüter des alten Wissens unter den traditionellen Völkern, die die Ausrottung überlebt haben, können für uns, Weiße, als weise Lehrer fungieren. Zum Beispiel: die Tradition von den „First Nations" und Natives aus der indigenen Ur-Bevölkerung aus Amerika, Urvölker aus Afrika, Aborigines aus Australien, um nur einige zu nennen. Da wir alle aus vielen Inkarnationen stammen, tragen wir ebenso das Ur-Wissen in uns. Es geht nicht nur um die Erinnerung, sondern um unsere tiefste Daseinsberechtigung innerhalb der Schöpfung. Und zwar nicht als oberer Ausbeuter und Ausrotter, sondern als ehrenhafter Dienender der Ganzheit.

„Think Big" in Bezug auf unsere individuelle sowie kollektive Aufgabe heißt, einen Auftrag zu erfüllen, der auf der Höhe aktueller Probleme auf Erden steht. Es bedeutet, die vielseitigen Engpässe, denen die Menschheit begegnet, ehrlich zu konfrontieren und auch spirituell anzugehen. Dafür werden Seelen mit weitem Blick und einer innovativen, humanistischen Ausrichtung inspiriert und motiviert ihren tiefsten Beweggründen und höchstem Streben zu folgen. Es können Erfinder, Wahrheitssucher und Wahrheitsfinder wie Whistleblowers aber auch Wissenschaftler aller Richtungen, Ingenieure und digitale Profis sein, die im Dienst der Natur und der Menschheit forschen und Erkenntnisse und Erfindungen ausfindig machen. Es gibt genauso viele Lösungen wie es Probleme gibt. Das Interessante ist, dass unterschiedliche neue

Herangehensweisen nicht veröffentlicht, nicht unterstützt und nicht umgesetzt werden. In anderen Worten ist es merkwürdig festzustellen, dass günstige und einfache Problemlösungen oder Heilmethoden regelrecht sabotiert, verhindert und blockiert werden. Es lohnt sich, die Hintergründe solcher ökonomischen, unethischen kontraproduktiven Handlungen zu untersuchen. Ein wenig Scharfsinnigkeit kann einen in diesem Bereich weiterbringen und zum gänzlichen Umdenken führen. Besonders in Domänen, wo der Mensch naiv alles glaubt und schluckt, was ihm erzählt wird.

Think Big wird mit der Zeit eine Vision hervorrufen. Es besteht ein Unterschied zwischen Visionär und Träumer sein. Der Traum bleibt auf der astralen Ebene. Die Vision will umgesetzt werden. Der Traum bleibt wie er ist und wiederholt sich in der Imagination. Bekannterweise mag er auf den Sand gebaut werden. Die Vision hingegen sucht einen festen Boden und bewältigt die festen Regeln der Manifestationsebene oder setzt sich mit denen auseinander. Sie will die Realität verinnerlichen und sie zähmen. Es geht um die Integration und das Zusammenspiel von beiden Ebenen - geistig und materiell - und von vielen mehr, die noch weiter aus den Dimensionen der Inspiration stammen. Es geht um eine Geburt aus der Gedankenwelt in die Wirklichkeit. Eine Vision ist ein, aus einer Idee, wahr gewordener Traum.

Sie braucht Leidenschaft und Begeisterung, um wahr zu werden. Sie benötigt vor allem die Macht der Liebe: je höher die Ethik, je kraftvoller und flächendeckender die Umsetzung.

Denn der Begriff Vision beinhaltet die weitere Perspektive. Vordergründig stehen Prinzipien wie Altruismus und Solidarität. Selbstbezogene Ziele tragen weniger Umsetzungskraft als Visionen, die Menschen und anderen Wesen dienen. Das Selbstbezogene insofern, dass es dem eigenen, gesunde Überleben dient, ist durchaus berechtigt. Es kann in sich aber kein Ziel sein, außer in Gefahrensituationen. Jenseits deren ist die entgegengesetzte Einstellung angebracht. Für die Verwirklichung der im Einklang mit höheren Motiven stehenden Vision, wird einem alles zu Verfügung gestellt, was notwendig ist. Nur das Höchste wird angestrebt, der Rest wird geliefert.

Die einzige Bedingung ist der Einklang mit der Seelenaufgabe und deren Umsetzung innerhalb des Raum-Zeit-Kontinuums. Das wird meistens missverstanden: daher entstehen Ängste, Machtspiele und verbissene Einstellungen. Das ist das Gegenteil vom Fluss, dem achtsam gefolgt wird. Du bekommst alles, was Du brauchst, wenn deine Vision von Altruismus geprägt ist und dem Dienst an das Leben, an Anderen (Wesen), der Entfaltung und der Ehre des Göttlichen in der Schöpfung gewidmet ist.

„Think Big" also nicht nur für Dich selbst. „Think Big" als Puzzleteilchen, Dein Beitrag zum großen Bild, wovon Du vielleicht nur eine vage Ahnung tief im Inneren birgst. Aus dem großen Ganzen entstehend und mit „Allem was ist" verbunden, als Zelle innerhalb des riesigen Organismus trägst Du eine Verantwortung der Gesamtheit gegenüber: schenk ihr also

Dein Bestes. Nicht mehr, nicht weniger. Du wirst alles erhalten, was dazu nötig ist: das ist in sich die höchste und einzige Erfüllung.

Aus dieser Einstellung mag es sein, dass Du eine innovative, weise Rolle mit Weitsicht und als Wegweiser bekommst. Ganz einfach und bescheiden, weil dies dem Kern entspricht, den Du in Dir trägst. Dein Selbstbild strahlt unabhängig von der Umgebung, weil es von innen beleuchtet und gesteuert wird. Im kosmischen Sinne wirst Du durch unser inneres Licht erkannt. Alles wird als Lichtfrequenz ausgedrückt. Denn alles ist Schwingung, was jederzeit ins Universum strahlt: das Denken - Fühlen hinterlassen Spuren im Akasha-Gedächtnis, das alles registriert und zusammenfügt, was zusammengehört.

„Think Big" möge Dich tragen, in aller Demut im Alltag in großen und kleinen Taten führen.

g) Einen sicheren Spielraum schaffen, um die neue Geburt auszutragen

Während der Metamorphose, die zur Erschaffung des neuen Selbstbildes führt, mag es notwendig sein, einen freien Raum zu finden. Weg von urteilenden, vertrauten Blicken genießt man eine gewisse Anonymität, die nicht jeden Schritt und jede Handlung kommentiert und vergleicht: „Das magst du doch nicht, das hast du früher nie gemacht, das ist gefährlich, so macht man das nicht etc." Die wohl gemeinten Beobachtungen, die einen ständig zurückbringen wollen, wo man die letzten 20 Jahren verharrt hat. Jetzt willst Du aber vorankommen und Dich verändern. Das Umfeld wird alles tun, um das zu verhindern. Nicht aus Bosheit. Nein, innerhalb des Systems ist es seine Rolle, das Alte, das Bekannte aufrechtzuerhalten und die Stabilität zu bewahren. Alles gut und schön. Jedoch im Augenblickt fühlt sich die Stabilität eher zwingend, einschränkend und regelrecht unerträglich an. Es ist eine Kunst erstens bewusst zu erkennen, dass man sich in einer Rückzugsphase befindet, zweitens, dass man das Weite braucht, drittens das zu erreichen, ohne nahstehende Menschen zu verletzen und zu beleidigen. Für den Menschen als Herdentier mit seinen vielseitigen Verpflichtungen kann es höllisch werden. Paradoxerweise bieten Städte einen Rückzug mitten im Menschengedrängel, wo Anonymität herrscht. Ich weiß, es wird viel über Einsamkeit gesprochen. Ich richte mein Mitgefühl an alle, die darunter leiden. Nichtsdestotrotz kann man sich fragen, warum und wozu dieser Zustand so verbreitet ist. Vielleicht beinhaltet er einen sinnvollen Aspekt? Ich sehe darin die Möglichkeit, sich freier entfalten zu können als im Rahmen der eng gestrickten Gemeinschaft. Zu häufig übernimmt sie restriktive Funktion, alles in der Norm zu halten, was für Kreativität und Entfaltung einengend sein kann. Sie kann sie sogar verstümmeln oder zum Ersticken bringen.

In einem Wort ist Freiheit notwendig, um einen weiten Rahmen für das sich gebärende Selbstbild zu schenken. Sonst ist man Projektionsfläche für Kummer, Ängste, Besserwissen und weitere verunsicherte Gemütszustände der Umgebung. Mit den neuen Kommunikationsmitteln wird man regelrecht verfolgt überall in der Welt. Umso mehr gilt eine gesunde

Abgrenzung von allem, was den respektvollen Abstand nicht einhält. Das Recht zum Rückzug ist, finde ich, auch ein Menschenrecht. Achtsamer und diskreter Umgang miteinander und ein Gespür für den Raum des Gegenübers, ohne beleidigt zu werden, wenn jemand Abstand und Stille braucht.

Während der Transformation mag es sein, dass eine gewisse Verletzlichkeit sich spürbar macht. Ein Gefühl von Desorientierung. Das alte Selbstbild verkrümelt sich, das erstrahlende neue ist noch nicht vorhanden, man weiß selbst nicht, ob man Fleisch oder Fisch ist. Was soll man erzählen? Es fällt einem schwer zu kommunizieren, wenn man selbst nicht genau weiß, was sich im Inneren tut. Dieser Zustand ist vergleichbar mit der Pubertät oder jenen anderen größeren Veränderungsphasen im Leben. Eine spirituelle, mystische oder energetische Metamorphose kann noch komplizierter zu beschreiben sein, besonders wenn die Umgebung keine Ahnung von diesem Prozess hat. Vielleicht wird man als geheimnisvoll gelten. Umso besser. Allerdings ist es wichtig sich zu schützen, einen gewissen Abstand von sich und den eigenen Prozessen zu gewinnen, sich nicht zu verurteilen und mit besonderer Aufmerksamkeit die neu sprossenden Tendenzen zu pflegen. Wichtig ist es ebenso nicht übermäßig selbstbezogen zu werden und sein Umfeld weiterhin zu achten. Denn dieselbe Verwirrung, die im Inneren herrscht, wird sich auf irgendeine Art in die Umgebung übertragen. „Du bist nicht mehr diejenige, derjenige, die / den ich alle diese Jahre gekannt habe", „Wir erkennen dich nicht".

Die Muse oder die Wellen der Transformation scheinen ihre eigenen Rhythmen zu besitzen. Sie haben einen unfassbaren Charakter, was sie unberechenbar macht in Zeit, Tempo, sowie Intensität und Qualität. Je besser man sich kennt, desto leichter fällt es einem, Phasen zu deuten. Jedoch bleibt vieles in der Metamorphose ein Mysterium, das man eher im Nachhinein einordnen kann. Die Selbsteinschätzung ist dann eine Kunst, die meistens auf Genauigkeit verzichten muss. „Jetzt brauche ich Raum" kann jederzeit auftauchen, zum Staunen von allen Mitbeteiligten!

Nun stellt sich die Frage: „Was macht man während dieser Zeit innerhalb dieser behüteten, privaten Räumlichkeiten?" Wohl bemerkt, es geht um beide, Zeit und Raum, um sozusagen die Kurve hinzukriegen, um sich selbst zu erforschen und herauszufinden, was sich überhaupt abspielt. Dieser Raum-Zeit-Puffer soll einem auch ein Experimentierfeld verleihen, wo man „mit sich sein will". In diesem freien Raum gestattet man sich Imagination, Visualisieren, Erspüren sowie weitere Projektionsmöglichkeiten. Dieser behütete Raum bietet den Rückzug, das „mit sich selbst sein" in Sicherheit und Gelassenheit.

Zum Raum und Zeit Konzept möchte ich einen kleinen Beitrag erwähnen. In der Phase der Umwandlung kann es sein, dass man besonders tollpatschig ist und überall aneckt (im physischen sowie im zwischenmenschlichen Bereich). Der Tisch, der da seit zehn Jahren steht, ist plötzlich „im Weg" oder man unterschätzt die eigene Breite oder den Rucksack und rumpelt unwillkürlich die Mitmenschen an. Während dieser Umwandlungszeit ist es so, dass die Aura anders umgestaltet wird und die Relation mit Zeit und Raum muss tatsächlich neu bewertet werden. Dazu gehört es, dass die Zeit-Einschätzung durcheinandergerät und dass man ständig unpünktlich ankommt. Was für sonst pünktliche Leute sehr schmerzhaft ist. Die Zeit ist eben keine festgelegte Einheit, sondern sie besitzt eine elastische Qualität, die im neuen Stadium anders empfunden wird. Diese räumliche und zeitliche Verwirrung gehört zur vorübergehenden Phase, bis die Puzzlestücke des neugestalteten Images zusammengelegt und integriert sind. Es bleibt einem nur noch, um Entschuldigung zu bitten und vor allem mit sich Geduld und Verständnis zu üben. Während starker Entwicklungsschübe wird man öfters durstig und es ist unentbehrlich, viel gutes, gefiltertes Wasser zu trinken.

Natürlich hat man Vorarbeit geleistet im Sinne von Loslassen beziehungsweise Stehenlassen, um endlich die Umwandlung zuzulassen. Wer im selben Selbstbild verharrt, kommt nicht weiter. Wer das alte Weltbild hinauszögert, bleibt stehen: Vielleicht werden ein paar materielle Dinge verändert wie die Vorhänge, aber das Wesentliche bleibt unverändert. Die Vorarbeit besteht schon in einer gründlichen Übung, die Kraft und Mühe kostet, auch wenn es „nur" darum geht loszulassen und das Neue einzuladen. Das alles benötigt Zeit, Raum und Experimentierfreude. Dieser Schutzraum, weit weg von kritischen, verständnislosen und eventuell neidischen und angstvollen oder bedauernden Blicken, kann überlebenswichtig sein. Auch wenn er auf Widerstand des Umfeldes stößt, der meint da zu sein, um das System zu regulieren. Öfters bedeutet es, alles beim Gleichen zu behalten und ja keine Wellen machen. Sich den eigenen Raum zu gönnen und zu verteidigen, gleicht unter Umständen einer besonderen Kraftübung mit gesunder Abgrenzung und Selbstbehauptungstechniken. Die Phase des eigenen Raumschaffens versinnbildlicht eine wesentliche Phase der Gestaltung des neuen Selbstbildes. Am besten findet sie statt in einem fremden oder unbekannten Umfeld, das flexibel ist und spontan das frisch geschlüpfte Selbstbild willkommen heißt - weil es das alte nicht kennt.

Mit der Zeit, wenn die Vision sich allmählich definieren lässt, wird einiges fassbarer. Manchmal auch als Fata Morgana, so dass man nicht alles gleich mitteilen will, oder doch? Das ist ein Thema für sich, ob man tatsächlich über die eigene Vision und die persönlichen Veränderungen konkret, detailliert und ausführlich reden möchte, oder ob man gänzlich darüber schweigen soll. Es gibt sogar zwei energetische Theorien, die die entgegengesetzten Anschauungen untermauern. Beide mit erfolgreichen Aussichten und dem Sinn nach gleich wertvoll. Einzig die persönliche Unterscheidungsfähigkeit darf die geeignete Version auswählen, abhängig von den gegenwärtigen Umständen und der eigenen Verfassung.

Die eine Methode fokussiert auf den verbalen Ausdruck, der durch den Klang das Vorhaben Richtung Materialisierung voranbringt. Mit den Mitmenschen das Projekt zu teilen, setzt auch die eigenen Kräfte und das Vertrauen in das Projekt in die Gänge. Der Austausch hilft einem, darüber realistisch zu reflektieren. Zumal, dass Leute einem Hinweise geben, ihre Erfahrungen preisgeben, weise Ratschläge mitteilen. Je mehr man sich darüber unterhält, desto realer und näher wird das Vorhaben, desto mehr Unterstützung bekommt man vom Umfeld. Die zweite Methode besagt, dass Ideen noch in der mentalen Dimension sind und dass sie langsam durch die Gefühlswelt und die ätherischen Ebenen hinuntersickern. Geht man mit ihnen still und verinnerlicht schwanger, sind sie vor Plappern, vor Neid und anderen Einmischungen geschützt. Die Geheimhaltung entspricht der inneren Arbeit, die den Plan in seiner feinstofflichen Herkunft ehrt und respektiert. Im besten Fall wird man das zukünftige Thema ausschließlich mit Spezialisten teilen oder mit einer vertrauenswürdigen Person. Intuitiv fühlt man sich von der passenden Herangehensweise angezogen. Die erste besitzt mehr praktische Vorteile und will sich auf der Manifestationsebene gleich verankern. Die zweite ist ätherischer in ihrem Zugang. Natürlich kann man beide Methoden mischen, so dass man längere Zeit das Projekt für sich behält und erst später mit Vertrauten teilt. Jede und jeder wird intuitiv wissen, was geeignet ist, abhängig von den individuellen Umständen. Was aber unbedingt zu vermeiden ist, ist das großzügige Verplappern, bevor irgendetwas konkret und nachvollziehbar ist. Den geschützten Raum zu schaffen für sich und das Projekt oder gar das Gebären des Planes entspricht einem verinnerlichten Prozess, der sich als unentbehrlich erweist.

h) Vorbilder

Vorbilder sind äußere Spiegel, die unsere Inspiration, unsere Imagination sowie unsere Entscheidung anregen. Insofern wir fähig sind, mehr als „like" und „don´t like" zustande zu bringen, d. h. ein differenziertes Interesse zu entfalten, sammeln wir aus unserer Umgebung inspirierende Elemente. Dann wägen wir ab, ob wir sie übernehmen oder sein lassen wollen. Dies gehört zum ständigen Austausch mit der Wirklichkeit, wie das Aus- und Einatmen.

Aus bereichernden Impulsen können wir neue Bilder zusammenstellen: neue Welt- und Selbstbilder entstehen lassen. Auf keinen Fall geht es darum, Leute, die wir bewundern auf ein Podest zu stellen und nachzuahmen. Das unterscheidet sich gänzlich von der „Nachahmer Mode" der Sozialmedien, das Gegenteil zum Prinzip „Erkenne dich selbst" lautet „Sei wie die Anderen".

„Arbeit an sich" bedeutet ethische, höhere Eigenschaften selbst zu entwickeln. Und zwar auf eine ganz individuelle Art und Weise. Wir wählen Vorbilder, um uns zu inspirieren, nicht um sie zu kopieren, sondern manche ihrer Eigenschaften zu übernehmen. Die erwünschten Merkmale sollten präzise untersucht werden, auch wenn sie gerne von Leidenschaft und Dankbarkeit „befeuert" sind, denn Bewunderung und Begeisterung gehören dazu. Da ist ein alchemistischer Prozess zugange und er braucht eben Feuer als Umwandlungskraft. Die Übung beinhaltet, das Angestrebte zu erlangen, es aus eigener

Macht und Kraft und vor allem auf dem eigenen Terrain zu entwickeln. Der spirituelle Auftrag lautet: das Eine in seiner Vielfalt auszuleben, durch die eigene Einzigartigkeit auszuleben. Der angesagte Wesenszug, den wir uns mit Absicht, mit Disziplin und Beständigkeit erarbeiten, mag sich sogar als eine besondere Eigenschaft erweisen, die schlussendlich zur eigenen Größe zählt und anderen Menschen zugutekommt.

Der Impuls wird vom Vorbild aufgenommen, angepasst und umgewandelt, um in das eigene System integriert zu werden. Aus dieser Perspektive fungiert das Element oder die Eigenschaft eines Vorbildes wie eine nährende Anregung. Das ist ein Symbol, ein Bild von außen, das wir bewusst aber aus meist unbewussten Gründen herausfiltrieren. Die Anziehung oder die Resonanz ist wie immer entscheidend, genauso wie bei Gedanken und Ideen, die wir „bekommen". Sie gehören uns nicht, auch wenn wir den Eindruck haben, sie erzeugt zu haben. Natürlich wollen wir sie verinnerlichen und sie uns aneignen, sie individualisieren. Jedoch gehören sie uns genauso wie die Luft, die wir atmen, das Wasser, das wir trinken etc. Ernüchternd, nicht wahr oder ist es gerade Demut?

Diese Inspiration ist Luft und gehört mir niemals. Außer, was ich daraus mache: das ist dann meine Schöpfung. Die Erfahrung der Transformation ist Teil der inneren Prozesse und deren Summe stellt den persönlichen Beitrag zum großen Ganzen dar.

Erstmal muss ich offen sein, um den Austausch mit den Mitmenschen und mit der Welt überhaupt zu ermöglichen. Ich schenke oder gebe etwas ab, sei es Interesse, Begeisterung, Dankbarkeit, Intelligenz, Unterscheidungsfähigkeit und so weiter. Das sind Qualitäten, Energiefrequenzen, ethische Prinzipien, Charakterzüge, Gewohnheiten. Sie gehören niemandem: ich darf sie aber annehmen, anpassen, verinnerlichen, sie „meins" nennen - auch wenn sie nur „ausgeliehen sind". In ihrer Essenz gehört eine Ureigenschaft allen Menschen. Wie eine Pflanze kann man sie auf dem persönlichen Boden einladen, pflegen und regelrecht kultivieren. Möge die Erhobenste gedeihen und die Mitmenschen und die Welt erfreuen!

Es mag aber sein, dass bei der „Integration" der neuen Eigenschaft oder beim Erlernen der neuen Kompetenz eine Gegenreaktion stattfindet: wie beim Fremdkörper scheint sich das System dagegen zu wehren. Haben Sie Ähnliches erlebt? Sie wollen endlich Geduld entwickeln. Je mehr Sie versuchen sie auszuüben, desto ungeduldiger werden Sie. Es kann sogar so aussehen, als ob die Menschen, das Leben selbst, alles tun würden, um Ihr Vorhaben zu ruinieren. Seien Sie versichert: es ist nicht so. Jedoch befinden Sie sich auf dem Feld der Polaritäten: je mehr Sie das Eine anstreben, umso wuchtiger meldet sich das Gegenteil. Übrigens, wie wissen Sie, dass Sie ungeduldig sind? Weil Ihnen eigentlich der Begriff schon gut bekannt und vertraut ist, sonst wären Sie nicht imstande, sich mehr Geduld zu wünschen.

Darüber hinaus möchte ich eine andere Sicht anbieten: anstatt etwas als Manko zu betrachten, kann es sinnvoll sein, es sich vorzustellen als Eigenschaft oder Talent, die schon vorhanden sind. Diese Perspektive ist abstrakter als sich ein Vorbild zu wählen. Z.B. „so kreativ zu sein wie diese Künstlerin, Frau Soundso". Das Bildhafte zusammen mit den Emotionen macht das Ganze sehr lebhaft und nachvollziehbar. Im Universum ist bereits das Konzept der Kreativität an und für sich existent. Ich kann ihn „herausbeschwören" und ihn schmücken, wie ich möchte. Der Begriff gehört mir nicht, er ist jedoch existent und ich kann ihn Meins machen - natürlich soweit wie meine echten, eigenen Veranlagungen es ermöglichen. Da herrscht kein Mangel; Kreativität ist in Überfülle vorhanden und ich darf etwas davon haben. Das Praktizieren, die Umsetzungsversuche sowie die Umstände werden zeigen, was ich tatsächlich daraus machen kann.

Viele Menschen benötigen Beispiele von außen, um ihre Identität zu definieren und ihren Weg zu gehen. Sie ahmen vieles nach und übernehmen, was ihnen gezeigt wird. Weniger schöpfen die Inspiration aus ihrem Inneren heraus. Sie sind die Vorreiter und die Erneuerer, die in diesen Zeiten der großen Umwandlung besonders für diese Aufgabe inkarniert sind. Sie zeigen Neues vor, entweder als reine Impulse oder in einer Form von „noch nie da gewesenen" Zusammenstellungen von bekannten Elementen. Nichtsdestotrotz, auch die Vorreiter und die Erfinder sind Empfänger von Impulsen, die aus mentalen, geistigen und spirituellen Dimensionen stammen sowie aus dem Gewahrsein und dem Streben von

Gleichgesinnten. Erneuerer sind momentan inkarniert, andere gehören vorherigen Inkarnationen. Gelegentlich ist es sinnvoll, sich bei unseren Vorreiterinnen zu bedanken - unbekannterweise. Durch ihr Tun und ihre Sehnsüchte haben sie astrale und mentale Welten in Bewegung gebracht, sowie Tore für uns eröffnet, durch die wir jetzt gehen dürfen. Um weitere Pfade einzuweihen für die, die nach uns kommen.

i) Das achte Chakra

Außer den sieben Haupt-Chakren, die der Wirbelsäule entlang liegen, besitzt der Mensch ein achtes Chakra. Es befindet sich über dem Kopf, zwischen 30 und 50 cm über dem Kopf, genauer gesagt über der Krone leicht nach hinten, wo jüdische Männer ihre Kippa tragen. Eigentlich befinden sich dort eine Reihe von meist unentwickelten Chakren weiter hinauf bis zum Kosmos. Sie verbinden uns tatsächlich mit unserem Sein innerhalb des Universums.

Für die Entstehung des neuen Selbstbildes ist die Aktivierung des 8. Chakra, auch Stern-Chakra genannt, sinnvoll. Es ist schon hilfreich, zu erfahren, dass wir über eine energetische Anbindung in Form von Energiezentren verfügen, die uns an den Sternen und dem Rest der Schöpfung teilhaben lässt. Begeben Sie sich für einen Augenblick in die stille Welt ihrer Imagination und stellen Sie sich diese innige Anbindung mit Ihrer ursprünglichen kosmischen Heimat vor. Rein diese Vorstellung soll dazu verhelfen, die Illusion der Trennung mindestens ansatzweise zu überwinden. Eine der größten menschlichen Tragödien ist seine falsche Annahme, dass er irgendwie allein auf Erden gestrandet ist und dass er da ist, um sein sinnloses Schicksal zur Rückzahlung einer vagen Schuld durchzukämpfen. Und so lebt er resigniert im Leidenstal. Die Idee des Getrenntseins von der Ganzheit liegt als Ursache von vielen Depressionen und auch von Aggressionen vor, die gegen das Selbst, gegen Mitmenschen und Natur ausgerichtet sind. Wie eine Marionette ohne Fäden, die ziellos auf der irdischen Bühne inszeniert ist, hält der Mensch an verschiedenen Konstrukten fest, die möglicherweise seinen Kampf gegen sich, andere Lebewesen, den Tod und das Leben untermauern. Aufgrund eines Kompensierungs-Mechanismus hält er sich für das Zentrum der Schöpfung und ist das einzige Wesen, das seine vorübergehende irdische Heimat nach und nach zerstört. Lange ist er hier in einer gewissen Harmonie mit der Erde gewesen, auch wenn er schon großzügig seinen Zerstörungs-drang ausgeübt hat. In den letzten Jahrzehnten aber hat er seine Vernichtungsbegabung besonders verschärft und sägt fröhlich und mit einer einmaligen geistigen Kurzsichtigkeit an dem Zweig, der ihn mit dem Baum des Lebens verbindet. Panikergriffen versucht er sich an allerlei Geräte zu binden, um Herr über seine ausgelaugte Erde zu bleiben oder Ersatz-planeten zu entdecken, um Disharmonie weiterzuverbreiten.

Zurück zu den höheren Chakren, die sich über dem Kopf befinden.

Fokussieren Sie bitte auf diese wunderbare Verbindung zum Stern-Chakra. Symbolisch dient es uns als Zwischenstelle zu den höheren Etagen des Bewusstseins. Denn es liegt brach, wenn es ignoriert wird, wie ein Muskel der vorhanden ist aber nie verwendet wird. Die Tatsache, dass Sie nun davon erfahren, es sich vorstellen können, ihm Ihre Aufmerksamkeit gelegentlich schenken und es nach und nach aktivieren können, wird zu seiner Entfaltung beitragen.

Die farbige Entsprechung des achten Chakras ist Magenta oder pink. Jene Fuchsien-Farbe, die Goethe damals noch „die unbekannte Farbe" nannte. Als Eingeweihter war er imstande, bevorstehende Entwicklungen vorauszusehen. In der Tat ist die Wahrnehmung vom Farbspektrum durch das menschliche Auge von seinem Gewahrsein abhängig: eine interessante Reflektion, wenn Sie darüber kurz meditieren möchten. Die kosmische Wellenlänge Magenta existiert an und für sich, sie ist jedoch erst in den 1830er Jahren ersichtlich geworden, im Besonderen bei einem Schlachtfeld in der Nähe von Magenta in Norditalien. Daher ihr Name. Sie gehört zu den tertiären Farben mit zwei Anteilen rot und einem Anteil blau, also ein violett mit viel rot. Die Betonung der roten Farbe entspricht dem Willen sich zu inkarnieren. Das Stern-Chakra hängt nicht oben im Himmel, sondern seine Aufgabe wie die des Menschen findet seine Verwirklichung auf der Manifestationsebene. Was will es denn umsetzen in dieser Welt? Sternen-Samen wollen hier auf Erden gedeihen.

Im achten Chakra ruht die Vision des Menschen als Idealbild in Verbindung mit seinen vorherigen und zukünftigen Ent-wicklungen, sowie als Interface zwischen Himmel und Erde. Die

Wiederverbindung zu diesem Energiezentrum über dem Kopf ist zur bewussten Erschaffung der neuen Identität unentbehrlich. Es beinhaltet als Template alle Entfaltungsmöglichkeiten, die mit früheren Inkarnationen und / oder parallelen Leben verbunden sind. Die Illusion des Getrenntseins wird dadurch aufgehoben und die Zusammenhänge in einem weiten Bild enthüllt. Das Erinnern wird in seiner Essenz oder in seiner Gesamtheit aktiviert; nicht unbedingt in erpichten Einzelheiten über vorige Leben, sondern der Sinn und Zweck dieser Inkarnation wird im Kern intuitiv erfasst. Die geistige Kurzsichtigkeit wird zur 360 Grad Wahrnehmung und der gezielte Daseinszweck wird mit einem Adlerblick in der Eingebung des Geistesblitzes erfahren. Die Erinnerung liefert nach und nach die achtsamen Einzelstufen des Weges. Auch wenn wir den Eindruck haben, nicht zu wissen, wohin der Pfad führt, erspüren wir ein sinnbeladenes, nach vorne strebendes Ziehen. Zuversicht und paradoxerweise ein blindes Vertrauen begleiten uns rechts, links, oben, unten in einer unbeirrbaren Entfaltung, die alle Vorstellungen sprengt. Gleichzeitig führen wir ein fast normales Leben mit viel Rückzug und mit dafür sehr wirkungsvollem Handeln nach außen in der „realen Welt". Das Wissen, das mir das Stern-Chakra liefert, ist holographisch, telepathisch und unmittelbar. Vergleichbar mit einem Herunterladen von einer höheren Ebene werde ich ohne Warnung von einer intuitiven Kommunikation überrumpelt, die mir alles und aus allen Kanälen mitteilt, was ich zu erfahren brauche. Das ist kein materielles Wissen, gleichzeitig jedoch praktisch und umsetzbar. Es handelt sich um ein fokussiertes

Wissen und Erfahren jenseits meiner persönlichen Vorstellungskraft. Es sitzt in einem Samen, den ich austrage. So gelingt es mir am besten das intuitive, unmittelbare Wissen über Inspiration zu beschreiben. Dafür benötige ich alle Sinne in ihren gesteigerten Hellfunktionen.

Jedes achte Chakra ist genauso individuell wie jedes menschliche Organ. Die Prägung ist einzigartig wie das gesamte Wesen, das wir sind. Jedes Energiezentrum ist wie jedes andere Körperteil über seine bestimmte Aufgabe informiert. Das Stern-Chakra trägt das Wissen von vorigen Inkarnationen und macht teilweise frühere Erinnerungen zugänglich. Beispielweise spüren wir eine Affinität zu manchen Kulturen, Ländern oder Sprachen. Wir haben „déjà vu" Erfahrungen an gewissen Orten. Wir haben besondere Begabungen mitgebracht und wir tragen ein Vorwissen in uns. Damit sind Dinge gemeint, die wir schon immer gewusst haben und nicht lernen mussten. Sie sind alle Zeuge von Fähigkeiten, die vor dieser Verkörperung erworben worden sind und unser positives Karma bilden. Leider wird es häufig übersehen und anstatt unendlich dankbar zu sein, für das, was uns in den Schoß fällt, und was wir schon alles können und wissen, für das positiv Mitgebrachte, hadern wir unerbittlich und gelegentlich verbittert mit unserem „Schicksal". Ich spreche hier von Dankbarkeit, sich selbst, der eigenen Seele gegenüber. „Danke, dass ich so bin wie ich bin". Wenn Sie möchten, können Sie drei Mal diese Affirmation laut und bedacht aussprechen. Dankbarkeit ist eine sehr mächtige Kraft, die alles verstärkt, worauf sie gerichtet wird. Dadurch wird das achte Chakra mehr von seinen Erinnerungen und von seinem Vorhaben enthüllen. Selbstverständlich sind Vergangenheits- und Zukunfts-Aspekte mit einander verbunden: sie sind beide Seiten der einmaligen Gegenwart. Sie sind unzertrennlich und sie sind Träger des Potentials, das noch entstehen will.

Dort sind auch karmische Lektionen gelagert, die sich die Seele vor der Verkörperung vorgenommen hat. Diese Aufgaben können entweder Situationen sein, die Ausgleich benötigen oder bestimmte Themen oder Talente, die in den vorigen Leben wenig vertreten worden sind. Z. B. habe ich vielleicht viele Kinder gehabt, ich habe die mütterliche Rolle genügend ausgelebt und habe daher zu wenig Zeit für mich gehabt. Zum Ausgleich in diesem Leben wusste ich sehr früh schon, dass ich nicht gebären wollte, sondern mein Leben der alten Weisheit widmen wollte. In späteren Jahren hat es sich zudem herausgestellt, dass ich unfruchtbar war. In Verbindung zu stehen mit dem Stern-Chakra bedeutet, zu wissen, wozu man inkarniert ist. Der Einklang mit der Seelenbestimmung ist nicht nur Sehnsucht nach etwas Höherem oder Besserem, sondern viel mehr das Streben, die eigene Richtung zu kennen und ihr zu folgen, indem der persönliche Wille eins mit dem Höheren ist. „Dein Wille ist mein Wille".

Nicht nur das vergangene Karma ist im achten Chakra beinhaltet, die zukünftige Vision ist auch dort zu erraten. In diesem feinstofflichen Zentrum befindet sich nämlich das Idealselbst für diese Inkarnation. Das ist genau der Aspekt, der für uns ausschlaggebend ist, wenn wir uns eine neue Identität erschaffen. Sie ist kein Patchwork von Egoteilen, die reich, schön und beneidenswert werden wollen oder große Autos, Villen und Yachten besitzen wollen, wie es in manchen Schulen des positiven Denkens oder oberflächlichen Geheimnis-Enthüllungen (siehe die Literatur im Zusammenhang mit manchen von diesen Themen) suggeriert wird. Das höchste Vorbild für das neue Selbstbild ist das reinste Streben der Seele für diese Inkarnation. Wer hütet dieses Vorbild, das wir als Seelen vor der Verkörperung kreiert haben? Das Höhere Selbst. Es ist zuständig für das Erledigen des Vorhabens der Seele in diesem gegenwärtigen Leben. Es besitzt die Übersicht über meinen Pfad: Inwiefern ich mir meiner Aufgabe gewahr bin, ob ich sie trotz Hürden im Alltag erfülle, ob ich alles einsetze, um sie auf der Manifestationsebene umzusetzen, ob ich mir treu bleibe oder mich von meinem Weg abbringen lasse. In diesem Bezug gibt es „Erinnerungen" an besondere Zeiten, wenn der Planet Saturn deutlich aspektiert ist, beispielweise mit 28 Jahren oder bei den 7-Jahres-Rhythmen, z. B. mit 49 Jahren. An diesen Zeitpunkten werde ich mit der Frage konfrontiert: „Bist Du am richtigen Ort zur richtigen Zeit?" Wer im Einklang mit sich ist, fühlt sich wohl und erfüllt. Wer nicht, hat den Eindruck, im falschen Film zu sein und fühlt Unbehagen in seiner Seele sowie in seinem Körper. Diese Feststellung ist eine Einladung etwas zu verändern in der Einstellung oder der Perspektive, aber auch im Lebenswandel.

Ist es nicht eine tröstende Vorstellung zu wissen, dass ein höheres Abbild von uns in unserem höheren Aspekt vorhanden ist? Natürlich ist es ein Entwurf, woran wir mit unserem freien

Willen arbeiten. Was kann man machen, um ihn zu erlangen? Wenn wir uns das achte Chakra vergegenwärtigen, können wir mit ihm ein tieferes Gespräch führen, es um Zusammenarbeit bitten. Seine Botschaft kann telepathisch sein oder in Form von Ereignissen mit einer besonderen Bedeutung. Wir können uns einer Art Tagträumen hingeben, z. B. während entspannenden Tätigkeiten wie längerem Zug-, Bus- oder Autofahren, Musik hören, aber auch kreativen Beschäftigungen wie Malen, Singen, Kalligraphie und so weiter. Wie schon erwähnt ist gezielte Kommunikation in Form von Fragen sehr hilfreich. Nichtsdestotrotz muss man imstande sein, die Botschaft zu entziffern: sie kann nämlich rätselhaft oder symbolisch sein oder im Traum auftauchen. Wir Menschen sind telepathisch, die Zellen sind telepathisch, die feinstofflichen Ebenen des Menschen sind telepathisch, das Bewusstsein ist telepathisch. Eine Frage zu stellen ruft unmittelbar eine Antwort hervor. Auch wenn sie im Augenblick erscheint, wo wir sie am wenigsten erwarten und in einer Sprache (Körper, Gemüt, Zeichen von außen), die wir nicht unmittelbar deuten können oder wollen.

Es gibt spezifische energetische Ausgleichsmethoden, um das Stern-Chakra zu aktivieren. Am Wichtigsten ist es jedoch alle anderen Chakren auszugleichen, sonst ist man keineswegs imstande die Botschaft des höchsten Energiezentrums aufzunehmen. Alle anderen sollen gesund und aktiv sein. Farbtherapie mit der Magenta Farbe, mit Weiß oder mit Gold sind wohltuende kosmische Frequenzen für das Chakra.

Mit diesen Informationen und den Übungen soll es jetzt nicht mehr brachliegen, sondern es wird sich sicher „angesprochen fühlen" durch das Interesse, das theoretische Wissen aber auch durch die Absicht, die ihm entgegengebracht wird. Jedes Energiezentrum liefert individuell und persönlich ausschließlich, was in dem gegenwärtigen Augenblick für die Person geeignet ist. Chakren sind gleichzeitig Tore zum Universum und Spiegel unserer inneren Realität.

TEIL 6: DAS NEUE SELBSTBILD IST ENTSTANDEN

a) Objektivierung und Optimierung des neuen Mikrokosmos

Jetzt nimmt das neue Selbstbild Gestalt an. Entweder ist es aus einem inneren Impuls entstanden oder durch einen äußeren Anstoß wie einen Verlust, eine erwünschte oder ungewollte Veränderung und weitere Impulse. Das Alter, obwohl es allmählich stattfindet, so dass wir meistens Zeit haben, um uns daran zu gewöhnen, das Alter mag uns während bestimmten Standortbestimmungen oder den Umwandlungsphasen der Pubertät, der Menopause oder der sogenannten „Midlife-Crisis" Stoff bieten für Reflektion. In einem solchen Moment betrachten wir uns gelegentlich mit einer gewissen Distanz, die uns spezifische Einsichten liefern kann. Das sind Augenblicke mit einer bestimmenden Tragweite, die die kommenden Jahre und Lebensgestaltungen beeinflussen. Es sind Zeiten der Anpassung, des Adjustierens des persönlichen Weges. Je mehr wir im Einklang mit der Seele stehen, umso leichter und stimmiger gestaltet sich die Verfeinerung der Metamorphose. Spontane Ereignisse und Synchronizitäten finden statt, hilfreiche und unterstützende Mitmenschen tauchen auf, sogenannte Zufälle ergänzen auf harmonische Weise das Puzzle des jeweiligen Lebensabschnittes. Man ist am richtigen Ort zur richtigen Zeit zusammen mit den richtigen Menschen: alles fügt sich, um die Umwandlung passend zu gestalten. Das neue

Selbstbild wird von der Umgebung widergespiegelt und bestätigt. Es gilt diese Fügungen zu erkennen und dafür dankbar zu sein. Natürlich wird die Dankbarkeit den Menschen gegenüber ausgedrückt. Sich selbst oder dem eigenen Schöpfergeist darf man zusätzlich und ausdrücklich Anerkennung schenken: „Nun habe ich mir eine schöne, stimmige, mir entsprechende Realität erschaffen. Ich danke meinem Schöpfergeist. Ich danke allen Menschen und anderen Lebewesen, die dazu beitragen. Ich danke meiner liebevollen Weisheit sowie meiner Höheren Führung."

Das nenne ich „Objektivierung", denn wir haben die Möglichkeit uns im neuen noch werdenden Prozess zu beobachten, als ob es die Existenz von jemand anderem wäre. Eine andere Gelegenheit bieten die Fragen: „Gibt es noch etwas, das ich unbedingt erleben möchte?", oder die Feststellung: „Nein, so kann es nicht weitergehen", „Nein, das bin ich nicht. Das ist nicht mein Leben." Das sind akute Erkenntnisse, die eine Handlung oder eine klare Änderung verlangen. Manche werden impulsiv alles über Bord werfen, andere werden die Schritte nach und nach machen. Aber der Moment der Erkenntnis ist richtunggebend.

Dann folgt die Optimierung. Öfters braucht sie Zeit und ist bedacht und rücksichtsvoll. Sie wird geplant: „Wenn die Kinder weg sind…". Sie ist von äußeren Umständen abhängig wie der finanziellen Situation oder sie wartet auf eine Genesung: „Wenn ich wieder gesund bin…". Die Optimierung weiß von einem End- oder von einem höheren Ziel. Einiges muss noch verfeinert und verbessert werden. Geduld ist angebracht und Zeit wirkt wie ein Katalysator, um die Vision vollständig zu verwirklichen. Wenn man den Rückblick hat, scheint sich jedes Puzzlestück in Nachhinein selbstverständlich einzufügen. Wenn man darin steckt, sieht es konfus aus vor lauter Baustellen. Zuversicht, Vertrauen in die eigene Führung und ein klares Endziel leiten einen voran. Dann erkennt man, wie sich der Ausdruck des Selbst präzise und sinnvoll entfaltet: warum man diese Ausbildung gemacht hat, wieso man diese Sprache gelernt hat, was da zu lernen war, warum eine Scheidung, eine Trennung, eine Krankheit durchgemacht wurden. Die Optimierung erfüllt einen mit Sinn und mag selbst sehr inspirierend sein, so dass man noch besser herausfinden kann, was man sonst noch alles in sich birgt. In solchen Phasen entdeckt man manchmal besondere Ressourcen oder innere Kräfte, die wir nie geahnt hätten. Optimieren kann sich auch sehr kreativ und mit viel Inspiration gestalten.

b) Zwischen Vergangenheit, Gegenwart und Zukunft

Manchmal kollidieren alte, gegenwärtige und zukünftige Selbstbilder miteinander. Wie gehe ich damit um?

Einerseits wünscht man sich Neues, andererseits wird der Mensch schnell von der Erneuerung übersättigt oder herausgefordert. Auch kommt er schnell zum Klagen, zum Urteilen und sogar zum Bedauern, was war. Was sich abspielt, ist ein Spiegel davon, was Sie in Gang gesetzt haben. So gewinnen Sie Einsichten in Ihre Schöpferkraft und Sie sind dann imstande das Tempo anzupassen.

Auf alle Fälle gönnen Sie sich Pausen, Ruhephasen und betrachten Sie Ihr neu entstandenes Werk. Das ist eine sinnvolle Technik für die Selbsterkenntnis. Eine geistige Verdauungspause. Reflektionen über Ihr neues Dasein und wie es sich anfühlt: Bleiben Sie sich treu? Ist das ganze authentisch? Grundsätzlich sind Sie immer noch dieselbe, derselbe: „same but different" wie die Engländer sagen! Der Katalysator „Zeit" untermauert Veränderungen auf allen Ebenen, jedoch ist Ihre Essenz die Gleiche, die sich nun entfalten darf. Sogar wenn Sie immer alles beim Alten behalten wollen, werden Sie altern und schlussendlich alt. Die Chronologie wirkt weiter und sie kann nicht gestoppt werden. Allerdings kann man blockiert in seiner Entwicklung bleiben, was auf Dauer eine Pathologie verursachen kann.

Man kann wählen zwischen einfach alt werden oder weiser, erfahrener sowie reifer werden. Wenn das Leben ein Geschenk ist, nehmen wir es an und gehen wir großzügig damit um: geben wir alles, was wir in uns tragen.

Loslassen, um das Neue willkommen zu heißen, im Fluss bleiben, lautet die Devise im Geiste und im materiellen Bereich. Deshalb werden Umkrempeln und Entrümpeln wärmstens empfohlen. Das Leben ist Fluss, das große Loslassen steht uns bevor: Geben und Nehmen ist das Gesetz, vergleichbar mit dem natürlichen Rhythmus der Atmung. Im Besonderen ist es wichtig sich selbst gegenüber ehrlich zu sein und Groll, Bedauern und Schuld umzuwandeln. In der Vergangenheit stecken zu bleiben, weil wir nicht bekommen haben, was wir wollten oder weil wir es schwer gehabt haben, verfestigt die negativen Glaubenssätze, die zur Wiederholung neigen. Auf diese Weise ziehen Sie weiterhin unglückliche und schädliche Ereignisse an.

Walnut macht flexibel und ermöglicht eine bessere Anpassung an die neuen Umstände. Eine andere Blütenessenz, die eine sinnvolle Begleitung bei Transformation ist, heißt „Wild Oat", der wilde Hafer. Er verleiht eine gute Verbindung mit der Seele in der Gegenwart, damit die weitere Entwicklung ebenso in Obhut der Höheren Weisheit geschieht. Auf diese Weise ist Wild Oat eine Blüte, die gleichzeitig in der Gegenwart und in der Zukunft wirkt. Sie öffnet den Weg und klärt die Richtung, wenn Zukünftiges noch verschwommen aussieht. Beide Blütenessenzen ergänzen sich hervorragend.

Da wir multidimensionale Wesen sind und aus vielen Teilaspekten bestehen, die sich nicht gleichmäßig integrieren lassen und auf unterschiedlichen Reifestufen befinden, kann es sein, dass man von gewissen persönlichen Seiten überrascht ist. Wenn man z. B Wut lange unterdrückt hat und sich für „nur lieb und nett" hält, kann es beunruhigend sein, mit den eigenen Aggressionen konfrontiert zu sein. Was verdrängt worden ist, wird sich früher oder später mit gestauter Wucht zeigen. Erkenntnisse über das, was in uns steckt, ist eine der größten Entdeckungen im Leben. Damit meine ich nicht nur „Negatives" und „Verdrängtes", sondern eher die Enthüllung der eigenen Größe, die Zusammenfassung der Evolution bis zum jetzigen Zeitpunkt, die erfreuliche Rückschau auf die Fortschritte oder über die erfolgreiche Umwandung von negativen Situationen und die wertvollen Lehren, die davon gewonnen sind. Manchmal sind die Leute sehr eifrig, voranzukommen, weil Sie den Fokus nur darauf lenken, was ihnen noch bevorsteht. Gelegentlich ist es auch wohltuend und bestätigend, Dankbarkeit für den bewältigten vergangenen Weg zu spüren. Mit Gewissheit wirkt sich eine positive Rückmeldung als ermutigend und fördernd auf die weiteren Schritte aus.

Unentbehrlich scheint es, immer wieder die Gesamtheit der Transformation zu betrachten. Je älter, desto leichter fällt es einem, da der Blick im Nachhinein ein längeres Übungsfeld als Standortbestimmung zu betrachten hat. Hoffentlich kann er überwiegend Positives feststellen und eine erfreuliche Bilanz ziehen zwischen dem Gewesenen, dem jetzigen Dasein und dem zukünftigen Vorhaben.

c) Konsequenzen des neuen Selbstbildes

An erster Stelle ist die Erschaffung des neuen Selbstbildes ein privater und individueller Prozess. Sie ist gleichzustellen wie eine persönliche Lebenskunst. Kein anderer kann diesen Weg gehen. Jeder trägt die volle Verantwortung für sein individuelles „Lebenswerk". Es gibt kein Gerichtsurteil am Ende. Die Übereinstimmung mit der Seele ist der entscheidende Faktor: je stimmiger umso besser. Auch schon in dieser

Lebenszeit sind die Zufriedenheit und das reine Gewissen ein harmonisches Zeichen und eine Bestätigung, dass Vieles ist, wie es sein sollte.

Jedoch aus der persönlichen Umwandlung werden weitreichende Auswirkungen entstehen. Wie ein Stein, der ins Wasser geworfen wird, entstehen Wellen, die die Umgebung in Bewegung setzen und Reflektion fördern. Da alles miteinander verbunden ist, übt jede Umwandlung einen Einfluss auf die anderen aus. Wenn ein Puzzlestück fehlt oder verändert wird, ist das gesamte Bild beeinträchtigt. Wenn ein Mensch eine andere Stufe in seiner Entfaltung erreicht, öffnet er den Weg für seine Nachfolger. Alles hat Konsequenzen: nun soll man schauen, dass man lebensfördernde Spuren hinterlässt. Sich weigern den eigenen Pfad zu gehen, um jemanden zu schonen oder sich für jemanden aufopfern, mag vorübergehend Wellen verhindern. Mit Folgen und Auswirkungen ist doch zu rechnen, wenn man jemandem eine Lebenslektion unbedingt abnehmen will, auch mit den besten Absichten. Denn schlussendlich wird die Person einer Lernsituation beraubt und in ihrer Entwicklung beeinträchtigt. Gerne Unterstützung und umfangreiche Geborgenheit schenken, aber jeder / jede soll die eigenen Herausforderungen annehmen und ihr / sein Leben leben. Darüber hinaus führen Verstrickungen von Schicksalen nicht in die Freiheit. Das betrifft beide Parteien.

Wiederum mögen neue Anfänge anstrengend sein: öfters muss der Weg allein gegangen werden, manchmal von Spott und Widerständen begleitet. Es scheint so etwas wie Tests zu geben, die tatsächlich die Hingabe und die Authentizität herausfordern. Das Unüberwindbare zu erklimmen kann einen sehr stark machen. Die Überzeugung wird geprüft auf Ausdauer, Klarheit, Wille und Wahrhaftigkeit. Was anfänglich ausgelacht wurde, wird allmählich interessant, anziehend und faszinierend. Plötzlich kippt alles um von einer feindlichen Stimmung zur Bewunderung oder zur Anerkennung. Der Pfad in der Wüste ist zu Ende. Gut, dass man sich treu und wahrhaftig geblieben ist.

Manchmal wird man sogar zum Vorbild: Zum Beispiel, das Mut macht, Selbstvertrauen verleiht, Hoffnung schenkt. Meiner Meinung nach ist jeder Versuch, die menschliche Entwicklung voranzutreiben, auch diejenigen die scheitern, wertvoll, sinnvoll und es wert, Anerkennung zu erhalten. Erfolglose Bemühungen ebnen ebenso den Weg für gekröntes Gelingen. Ich denke öfters an alles, was Frauen durchgemacht haben, um eine gewisse Selbständigkeit und Freiheit zu erlangen. Alle diese unbekannten Frauen, die es für sich nicht geschafft haben. Von deren Bemühungen kann ich heute profitieren. Offen gestanden denke ich gleichwohl an die Fortschritte, die noch zu tun sind.

Ein Vorbild ist ein Selbstbild, das nicht mehr nur dem Selbst dient, sondern das Erreichte auch mit Gleichgesinnten teilen möchte. Ein Vorbild inspiriert durch sein Dasein. Ein Vorbild ist kein Influencer oder irgendeine Werbung für ein Produkt, das künstlich erschaffen worden ist. Ein Vorbild wünscht sich nicht Vorbild zu werden: das ist ein Egotrip. Ein Vorbild ist eine

Person, die ihren Weg authentisch geht und somit eine konzentrierte und kompakte Energie in und um sich herum, in der Aura, in Form von Charisma angesammelt hat. Sie ist überzeugt und wirkt überzeugend. Die persönlichen Errungenschaften dienen nicht nur dem Selbst, sondern sie stellen überhaupt Stationen einer menschlichen Entwicklung dar. In diesem Sinne besitzen sie einen überpersönlichen Aspekt, der allgemein gültig ist.

Jeder ist einzigartig. Gleichzeitig ist unser gemeinsamer Nenner das Menschliche, das lebendige Gewahrsein, das bewusste, menschliche Dasein und vielleicht unsere Menschlichkeit auch anderen Wesen gegenüber wie den Tieren und Entitäten aus anderen Dimensionen des Seins. Achten wir auf unsere Entwicklung, sind wir ebenso verpflichtet, das Leben anderer zu ehren.

Was wir für uns tun, tun wir auch für unsere Mitmenschen. Durch unsere Erkenntnisse und unser Wirken tragen wir zum morphogenetischen Feld der Entwicklung für alles Lebendige auf der Erde bei. Das eigene Vorangehen bildet nicht nur Kreise im Wasser, sondern es ist eine Einladung zur Evolution. Es folgt dem Ruf der kosmischen Transformation. Jeder individuelle Schritt bringt alles weiter auf planetarischen Ebenen. Der ganze Kosmos betrachtet das Schauspiel auf dem Planeten Erde mit Antizipation.

Wer sich ändert, ändert die Welt.

d) Neue Landschaften

Folgen Sie mir mit kleinen Schritten in die kosmische Transformation? Wer die Gegensätze vereinbaren und das Paradox überwinden kann, wird mithalten. Kein Zweifel: das ist eine echte Herausforderung, die eine universelle Vision eröffnet. Nach dem Motto: ich muss tun, was ich zu tun habe, um dem Ganzen zu dienen. Wobei der Ruf dazu aus dem inneren Fokus stammt und niemals von außen oder an bestimmte Vorteile gebunden ist. Der Drang dazu ist ein ethischer und ein moralischer: er entspricht ebenso einem natürlichen Impuls. Wir wissen wie wichtig er in diesen Zeiten ist.

Eine neue Landschaft entsteht aus den vielen Visionen. Jeder erschafft die Seine. Die unzähligen Visionen kommen zusammen wie Regentropfen, die Wasserrinnen auf der Scheibe bilden. Das Mitschwingen führt ähnliche Ströme zusammen, die immer größer werden und größere Flüsse durch die Landschaft definieren. Sie bewässern die Felder der neuen Zukunft, wo undefinierte Horizonte noch zu gestalten sind.

Kraftvolle, begeisterte Vorstellungen strahlen mit positiven Veränderungen. Resignierte, angstbeladene, entmächtigte Visionen sind genauso präsent. Welche wollen wir stärken und intensivieren? Unsere gemeinsame gedankliche Welt wird zu unserem Zuhause oder spätestens das unserer Kinder und Nachfolger. Das hier ist die Ökologie der Vorstellungskraft: alles, was in der materiellen Welt existiert, stammt aus der kollektiven Imagination, aus der Dimension der Ideen. Dieses Model gilt genauso für unser persönliches Leben, wobei die Oase der Privatsphäre zugänglicher und unmittelbar gestaltet werden kann - und soll. Denn dies ist eine Pflicht: die eigene Schöpferkraft im direkten Umfeld auszuüben im Einklang mit dem höchsten Gut.

Geben wir die Perspektive der Betrachtung, die den Menschen als Sünder oder als unvollständiges, nicht funktionsfähiges Wesen betrachtet, endlich auf. Warum soll er an irgendeinem Kabel angeschlossen sein, ein Stück Plastik oder Silikon in irgendeine Körperöffnung stopfen oder von unzähligen Regeln, Gesetzen sowie Gebrauchsanleitungen überrumpelt sein? Das Ergebnis ist einerseits eine nagende Selbstunterschätzung, andererseits eine unterschwellige Unterschätzung von einander. Und zu guter Letzt eine Missachtung der göttlichen Kraft, sowohl in sich als auch im Mitmenschen überhaupt. Eine Beleidigung an die Schöpfung, an die natürliche Perfektion.

Was für Tendenzen sind da am Werk? Die Kräfte der Verzerrung, der Krankheit, der Entropie, der Dummheit, der Sinnlosigkeit. Vor allem ist es die Macht, die das Natürliche zerstört und die ursprüngliche Perfektion für unzulänglich hält, mit der Absicht ihrer pathologischen Kontrollsucht und ihrem Dominationsdrang, durch Angst auf Menschen und Tier zu imponieren. Sie versucht das Göttliche, die Harmonie nachzuahmen und sogar zu übertrumpfen. Sie schleicht sich fast unbemerkt an und tarnt sich mit „attraktiven Angeboten" und legt ein ignorantes Grinsen auf die Lippen. Sie ist hohl und hässlich wie eine Pappmaske; aber die Menschen fürchten sich vor ihr und schauen weg oder grinsen mit. Sie sind blind. So blind, dass sie ihre Göttlichkeit nicht wahrnehmen und sich von der Pappmaske an der Nase herumführen lassen.

Die Wissenschaft hat jedoch die natürliche Vollkommenheit eingesehen mit der Gründung der Bionik (siehe Dr. Ulrich Warnke).

Um ein neues Selbstbild und eine andere Landschaft zu gestalten, braucht man es, die Augen aufzumachen, durchzuschauen und die kreative Kraft des Blickes auf die innere und äußere Landschaft zu richten. Der neue hoffnungsvolle Blick projiziert das Wahrhaftige auf das zerfallende Bild im Hintergrund. Das Fake-Bild der Lügen, der Angst, der Manipulation, der Hirnlosigkeit. Die Voraussetzung ist wohl das Augenöffnen. Es braucht Mut. Das Durchschauen, ohne wegzukucken, umso mehr. Diese Übung kann man zuerst bei den eigenen unbequemen Themen praktizieren und später im Umfeld. Das leere Grinsen wird allmählich verschwinden. Eine inspirierende Tiefe wird es ersetzen und ein echtes, menschliches Lächeln wird das ganze Gesicht erhellen. Ein göttliches Strahlen in menschlicher Form in einem sakralen Augenblick.

Jeden Tag dieser Inkarnation können wir gerade das üben. Die Absicht und das Streben danach werden die Rückfälle, die schlechten Tage, die verkehrte Laune und Dummheitsanfälle auffangen. Wichtig ist es, weiter die Augen offen zu halten und zu betrachten, was wirklich zu sehen und zu fühlen ist. So entdeckt man Wahrhaftiges und es ist manchmal eine ganz andere Geschichte, als was man in der Schule gelernt hat oder in der Zeitung gelesen hat.

e) Utopie wagen

Am Anfang habe ich unterstrichen, dass ich keine Befürworterin des Spruches „Alles ist möglich" bin. Ich habe die karmischen Zusammenhänge erklärt sowie das Prinzip der Resonanz. Offen gestanden: wer will alles? Man will, was einem entspricht und einen zufrieden stellt. Man will, was für einen stimmt. Wie ein Musikinstrument, das gestimmt ist und harmonische Töne erklingen lässt. Man will, was einem zusteht, nicht mehr und nicht weniger.

Große Frage: was steht einem zu? Nichts, absolut nichts.

Das Leben, das eigene Leben ist schon das größte Geschenk, das es gibt.

Lange Zeit haben die Menschen gedacht, leben sei gleichzustellen mit überleben, gut sein, arbeiten, anständig sein, schlau sein und versuchen zu kriegen, was man will.

In den letzten Jahrzehnten in Europa haben Menschen angefangen zu denken, das Glück stehe Ihnen zu. Noch mehr davon. Und noch mehr. Eine Neuigkeit, die u. a. der Aktivierung des achten Chakras entspricht. Diese Verlagerung des Strebens hängt auch mit anderen evolutiven Strömungen zusammen. Leider ist diese Glückseligkeit zu sehr im Materiellen verankert, wobei es öfters um einen grenzenlosen undankbaren Konsum geht. Eine Nebenerscheinung zu diesem Trend ist der Mangel an Achtsamkeit, sowie ein Hang zur Verschwendung von Gütern und Dienstleistungen. Egozentrismus und Tunnelblick gehören dazu und lassen keinen Platz für Rücksicht und Empathie für ausgebeutete Menschen, Tiere sowie natürliche Ressourcen. Wie will man damit glücklich sein? Ein Bedürfnis jagt das andere und es ist nie genug: die unendliche Spirale der Abhängigkeit hat den unersättlichen Konsumenten gefesselt. Sucht ist eine Illusion des Glückes, die in die innere Leere und in die Verzweiflung führt. Sie ist also eine Nachahmung der Glückseligkeit, eine Illusion und somit Teil eines verzerrten Weges, die das Wahrhaftige deformiert und einem vormacht, die Natur zu verbessern.

Nichtsdestotrotz ist glücklich sein nicht nur ein Anrecht, sondern eine Pflicht. Es ist ein natürlicher Zustand von Wohlbefinden, von Gleichgewicht und von innerem Frieden mit sich und der Welt. Über alles ist Erfüllung ein Ausdruck der Verbindung zur Seele und eine Ehrung an das Göttliche. Diese Definition steht ganz im Gegensatz zum kurzfristigen Ablenken von Gier. Sie beinhaltet nämlich die ganze Schöpfung mit: nicht nur die eigene Befriedigung, sondern die Glückseligkeit von „Allem, was ist". Wenn dieses Streben alle unsere Handlungen untermauert, sind wir den ganzen Tag fokussiert auf höhere Ziele, die sich als tragend und nährend erweisen. Und damit meine ich keineswegs oberflächliche Nettigkeiten, sondern das gemeinsame Gut anstreben.

Nicht nur sei der Mensch göttlich, sondern er soll noch glücklich sein. „Völlige Utopie! Unrealistisch. Schau dir doch die Welt an!"

Jeder behauptet doch glücklich werden zu wollen, nicht wahr? Dann stimmt etwas nicht. Die Kräfte der Verzerrung sind am Werk. Wieso denn? Wie wäre es, wenn der Mensch aufhören würde Opfer und Untertan zu sein, und mit seinen Ängsten, seiner Hilflosigkeit und seiner Dummheit dem Verzerrten zu dienen und es zu nähren? Jeden Tag haben wir 24 Stunden, um etwas anderes zu tun, nämlich unser göttliches Gewahrsein auszuüben, unsere menschliche Würde zu tragen und einander zu ehren als Lichtwesen - und zwar hier und jetzt, nicht in irgendeiner goldenen Zeit oder im Paradies. Die Erde ist unser Paradies: manche unserer kosmischen Nachbarn beneiden uns dafür.

Wie wir die Welt denken - fühlen, so ist sie. Durch unsere innere Wahrnehmung prägen wir sie und beeinflussen sie, tiefer und breiter, als wir es annehmen. Wir unterschätzen unsere Verantwortung sowie unsere Fähigkeit und Kompetenz, die Welt zu ordnen. Wir verkriechen uns in einer Hilflosigkeit und einer Begrenztheit, die uns zurückgespiegelt werden. Es ist Zeit, die Augen zu öffnen und zu sehen, wer wir als Schöpfermensch sind. Und zu handeln. Aber bevor wir viel bewegen, geht es darum, die Perspektive innerlich zu verändern. Und zwar immer wieder. Das bedeutet, dass wir mehr im Kontakt mit unseren Gedanken und Gefühlen stehen und somit mit unserem Bewusstsein und mit den Handlungen, die daraus entstehen.

Dafür haben wir ein Leben geschenkt bekommen, das uns selbst und einander weiterbringt. Nobody is perfect, das ist auch wohl bekannt: wir sind alle am Üben und noch alle unterwegs. Entspannen wir uns also. Dafür können wir im Fluss bleiben und umso leichter unser Ziel erreichen.

Jetzt wollen wir uns ein paar Postulate anschauen. Postulate sind Annahmen, die sich durch Erfahrung bewährt haben. Sie sind reine empiristische Werte, auch wenn man sie sozusagen wissenschaftlich belegt. Wer nur einen begrenzten Instinkt besitzt und über freien Willen verfügt, erhält die Gabe der Denkfähigkeit: das ist die Zwickmühle des Menschen. Auch unsere unbewussten und grundsätzlichsten Gedanken prägen die Wirklichkeit, und zwar kollektiv sowie privat. Sogar Mystik und Wissenschaft seit den 40er Jahren des 20. Jahrhunderts sind sich darüber einig. Die Neue Physik besagt: der Beobachter beeinflusst das Beobachtete. Und so verwandeln sich Atome entweder in Wellen oder Partikel und transformieren Welt und Realität.

Dann beschäftigen wir uns doch mit unserem menschlichen höchsten Potential: unsere Denkfähigkeit, die uns angeblich vom Tier unterscheidet. Was machen wir damit, außer „Ich muss heute zur Bank", „Mein Chef will...", „Meine Frau will nicht...", „Die Nachbarin...", „Ich muss meine Haut retten..."? Das ist nicht denken, das ist eine automatische Kopffunktion. Nötig fürs Überleben, nicht mehr als ein Instinkt. Dann muss man die Idee hinter den Hintergedanken hinterfragen: warum und wieso denke ich so? Was für einen Einfluss hat es auf meine

Gesundheit, auf mein Leben, auf meine Umgebung, auf meinen Mitmenschen? Welche Farbe besitzt meine momentane Geisteshaltung? Welchen Rhythmus pflegen meine Reflektionen? Wie sieht ihre Frequenz aus? Wie klingen sie? Wie schwingen sie den Raum und was bewirken sie?

Wäre es möglich die Atmosphäre meines Raums zu beeinflussen durch meine gedankliche Tätigkeit? Kann die Umgebung heller, weicher, liebevoller, wacher aussehen in Übereinstimmung mit meinem Denken - Fühlen? Versuchen Sie es doch: es ist eine gratis Bewusstseinsübung. Sie gehört allen und kostet nichts. Vom Universum geschenkt, eigentlich wie alles andere. Energetisch kann der Ort im Nu verändert werden, durch einen lebensfreundlichen Blick, durch sanfte Kraft aus dem Herzen und weitere erhebende Gefühle und Gedanken. Deren leuchtende und warmherzige Frequenzen füllen gleichzeitig den Raum, die Auren der Menschen und allem Lebendigen auf.

Wenn wir unsere Geisteskraft bewusst und gezielt für unseren privaten Raum einsetzen, liegt der nächste Schritt nah, dass wir auch die Topologie der Landschaft damit informieren. Wissen Sie noch, die Landschaft, wovon wir im vorigen Kapitel gesprochen haben? „Glauben versetzt Berge". Jawohl, dann fangen wir an, an uns Menschen zu glauben, nicht als isolierte, hilflose Marionetten, sondern als multidimensionale Lichtwesen, die in der universellen Geborgenheit eingebettet und mit allem Lebendigen verbunden sind. Die Berge würde ich vorläufig lassen, wo sie sind: es gibt genug anderes, was zur

Mülltonne zu versetzen ist! Nämlich alles, was den Menschen von seinem göttlichen Dasein trennt, trübt und teilt.

Es muss etwas daran sein, warum die Gedankenkraft so mächtig ist, weil sogar die großen Überwachungssysteme sich dafür interessieren: die Herkunft der Gedanken, wie Gedanken entstehen, wollen sie aufdecken. Wäre ja cool, das zu wissen. Alles Denkende und Gedachte könnte einheitlich geformt und gelenkt werden. Deshalb wollen sie ständig alles wissen, was und wie Sie denken; nicht zu angeblichen Marketing-Zwecken, wie es immer behauptet wird. Das ist die Erklärung für kleine Mädchen und kleine Buben. Sie wollen „a map of your mind", eine Karte Ihres Denkapparats, erstellen. Materialisten suchen Gedanken im Hirn; sie können gerne darin umsonst versinken.

Eine neue Topologie verlangt zuerst andere Mottos und Richtlinien. Wir könnten einiges revidieren:

- Warum ist Kampf die Basis von so vielen Handlungen? Man braucht nicht gegen Diabetes zu kämpfen, man soll einfach krankmachenden Zucker weglassen auch von Lebensmitteln, wo er nicht erwähnt wird. Künstliche Zucker-Ersatze sind noch giftiger. Die Natur ist reich an nährenden Zuckerarten.

- Solidarität ist schon von einem der größten Theoretiker des Anarchismus Pierre - Joseph Proudhon erforscht worden und sie wird immer wieder unterstrichen durch philosophische und wissenschaftliche Schriften in Verbindung mit Empathie als verbindende Kraft zwischen Menschen, Tieren und Pflanzen.

Wohlwollende Absichten, Hilfsbereitschaft für einander, Anteilnahme am Schicksal des Gegenübers, der dieselbe Gattung Mensch teilt: das ist doch nicht viel verlangt! Nicht nur kann diese Einstellung lebensrettend sein, sondern auch eine der am meisten erfüllenden Erfahrungen des menschlichen Daseins: Liebe, Affinität, Freundschaft teilen. Und das auf andere lebendige Wesen auszuweiten ist auch keine Kunst. Zu bedingungsloser Liebe scheinen Tiere besser veranlagt als der Mensch.

Vielleicht noch ein Wort zum „win - win" Begriff. Erstens ist es nichts Neues, zweitens warum auf Englisch, drittens: es stinkt nach Neoliberalismus. Wir zwei machen Profit auf dem Rücken von zahlreichen armen Schluckern, die dankbar sein sollten, weil sie jetzt einen Arbeitsplatz haben und geimpft werden - gratis noch dazu, damit die Pharmaindustrie, ausgelaufene Impfstoffe loswerden kann. Win - win ist eine Kopie von etwas, das im Universum als Grundbedingung existiert. In der Natur ist ursprünglich alles perfekt auf einander abgestimmt: wie die Gattungen zusammenarbeiten und sich ergänzen. Selbstverständlich geht es darum, dass alle etwas davon haben: das ist die Basis vom Leben. Es geht nicht um Kampf, um Gegeneinander, um Krieg. Diese sind kranke Begriffe, die aus unheilen Hirnen entstehen. Sie verderben und versickern die Motive und Absichten von so vielen Menschen, die das Leben als einen andauernden Wettkampf und Konflikt betrachten. Sie nisten sich in den Köpfen, in den Gemütern sowie in den ungesunden Körpern ein, sie verderben uns, die Erde, das Leben und das Leben auf der Erde. Aber das schaffen sie längst nicht ganz. Da das Licht, die Liebe und das Leben unzerstörbar sind. Sie sind eins. Noch stimmiger als win - win ist die kosmische Ordnung: es geht darum, sie zum bewussten Leitmotiv unseres Lebens zu machen.

Es wird uns nie vollkommen gut gehen, solange andere dafür ausgebeutet, misshandelt oder getötet werden. Neue Generationen verstehen den Sinn dieser trächtigen Aussage und sehen ein, dass die Landschaftstopologie dringend umgestaltet werden muss. Dafür sollen sogenannte Utopien ausgebrütet werden, damit sie Realität werden. Diese Utopien sind nichts Neues: sie gehören dem Gedankengut von denen, die das Leben achten und ehren, das Gegenteil von zerstören und verzerren. Das sind die Grundprinzipien von Humanismus, vom bewussten Leben, Gesundheit, Ökologie, Optimismus und Zuversicht.

Vertrauen, Schönheit, Frieden, Respekt, Authentizität, Solidarität, Geborgenheit: ohne diese Eigenschaften würde gar nichts funktionieren auf Erden oder überhaupt im Kosmos. Sie sind Ausdruck des Lichtes und der Liebe und darin ist die Welt geborgen. Alles was dagegen wirkt, bildet eigentlich nur einen kleinen Anteil der Gesamtheit, auch wenn es Angst machen will, sich groß aufbauscht und viel Aufmerksamkeit auf sich zieht. Je schwächer die verzerrende Kraft wird, desto mehr Aufwühlung und Erregung produziert sie. Das ist genau, was wir in diesen Zeiten erleben. Das dürfen wir nicht vergessen, sonst hat sie es geschafft, uns in ihren Bann zu ziehen und in die dazugehörende Hilflosigkeit und Hoffnungslosigkeit. Das ist eine hohle Maske aus Pappkarton.

Wenn wir die neue Landschaft in und um uns herum kreieren, ist es notwendig diese Illusion schwinden zu lassen.

f) Gut mit sich umgehen

Um ein neues Selbstbild zu erschaffen, ist Selbsterkenntnis die Basis. Die Selbstannahme ist dafür unentbehrlich, um einen gesunden Weg zum eigenen Selbst zu finden: es geht also nicht um Egozentrismus, nicht um Selbstverherrlichung und auch nicht um Narzissmus.

Die Einzigartigkeit der Göttlichkeit im Inneren wahrzunehmen ist eine klare Herausforderung in einer Gesellschaft, die unauffällig sein, Anpassung, Kritik, Konkurrenz, Strafe und Vergleich fordert. Für die Akzeptanz und die Entfaltung von individuellen Veranlagungen bleibt wenig Raum. Es muss alles schnell, reibungslos und dem System getreu ablaufen. Es ist interessant, wie der Faktor Zeit benutzt wird, um den Menschen in die Form und die Einstellung zu biegen, die er übernehmen sollte, um sich eben der Allgemeinheit, dem Anstand, der Ordnung anzupassen. Menschengerecht ist das nicht. Der Zeitdruck zwingt manche Mütter mit ihrem Kind oder das Pflegepersonal mit Patienten ungeduldig umzugehen, damit alles zeitlich passt. Das ist inakzeptabel.

Dieses Prinzip zertrampelt die natürliche Stimmigkeit, die harmonisch entsteht, wenn alle guten Willens sind und sich freiwillig und solidarisch für das Gemeinwohl entscheiden. Auch wenn kein Individuum die Übersicht besitzt, weiß es tief im Inneren, wie sein Beitrag zum großen Ganzen passt. Jedes Stück des Puzzles passt. Und das Gesamtbild beinhaltet und trägt jedes Teilchen.

In einer Gesellschaft, die diesen Mechanismus immer mehr durch schnelle Veränderungen aber vor allem durch Außenkontrolle, Angst und Massenüberwachung zerstört, ist es überlebenswichtig, ein eigenes Selbstbild sorgfältig zu entwerfen, bevor es von fremden Kräften bestimmt wird.

Es ist eine Kunst, sich in einer Welt, wo man seine Zeit mit belanglosen Äußerlichkeiten verschwendet und ständig abgelenkt wird, klar und deutlich abzugrenzen, und zu entscheiden, wem oder was man seine Zeit, dieses geschenkte Leben, widmet.

Fangen wir damit an, eine erdende Standortbestimmung durchzuführen und stellen wir uns einige Fragen über unser Wohlergehen.

„Ist es mir jetzt gerade wohl?"

„Benötige ich mehr Wärme, Nahrung, Bewegung und so weiter?"

„Was bräuchte ich, damit mein Körper ein wenig entspannter ist? Meine Zehen, meine Stirn, meine Hände, meine Kiefer, mein Herzmuskel z. B."

„Was soll ich tun, damit mein Gemüt leichter wird in diesem Augenblick? Durchatmen, lachen?"

„Wo, in meinem Inneren, finde ich Trost, Kraft, Licht? In einem wohltuenden Gefühl im Bauch, im Herzen? Wenn ich an einen geliebten Menschen oder an einen schönen Ort denke? Wenn ich mich fokussiere auf mein optimales Selbstbild?"

„Wo finde ich letzten Endes die Verbindung und tragende Geborgenheit, jene, die in mir, um mich herum und in allen und allem ist? In einer Invokation, im Gebet, im Visualisieren des Lichtes, beim Einatmen des Pranas, beim Umarmen eines geliebten Wesens?"

„Bin ich auf allen Ebenen meines Wesens genährt? Welche verhungert in dieser Lebensphase?"

Selbstbestimmung und Selbstgestaltung brauchen Freiheit. Die nimmt man sich, auch wenn es Häppchen davon sind, ständig und überall. Die Freiheit zu sein. Sie ermöglicht nämlich auch anderen selbst zu sein und sich miteinander in authentischen Verhältnissen zueinander zu begegnen. Der Weg der Freiheit verbindet unmittelbar mit dem Herzen und der Authentizität. Sich selbst treu und den Grundprinzipien des Lebens treu zu bleiben, verlangt unter anderem, dass manches infrage gestellt wird. Wenn das Gewissen nagt und die Ethik nicht respektiert wird, wenn es partout nicht zu vereinbaren ist mit dem eigenen Verantwortungsbewusstsein, ist es wichtig etwas zu unternehmen und das unangebrachte Verhalten zu korrigieren. Auch ein ethischer Konflikt kann krank machen.

Im Umgang mit sich lautet die Aufgabe: „Gut zu sich zu sein im Einklang mit dem höchsten Gut". Spiritueller Mut ist durchaus eine notwendige Tugend auf dem Pfad.

Ein achtsamer und respektvoller Umgang mit sich ist gleichzustellen mit Achtsamkeit und Respekt unseren Mitmenschen gegenüber. Das bedeutet auch, nicht jedes Spielchen mitzuspielen und die eigene Würde aus Gefälligkeit nicht herabzusetzen. Das Höhere Selbst in sich und in anderen ansprechen, anstatt die unteren Etagen der Ignoranz, der Beschränktheit und der Selbstverkleinerung.

Hören wir auf, uns und anderen zu unterstellen, dass wir zu viel dies oder zu wenig das sind. Die Gesamtheit sucht wie immer in der Natur nach Gleichgewicht. Ist eine angeblich „zu viel dies", zwingt sie unbewusst die andere „zu viel das" zu sein. Die Lösung liegt erstmals im Anstreben des eigenen Gleichgewichts. Die Waage soll stimmen, damit alle sich in eine Aufwärtsbewegung begeben.

Das Kreieren des neuen Selbstbilds klingt wie ein Balanceakt zwischen der Exploration des inneren Universums und den Verbindungen mit den anderen Universen, die unsere Mitmenschen vertreten und mit dem übergeordneten Universum. Das ist eine unserer wichtigsten Aufgaben als bewusstes Wesen, denn sie färbt alle unsere Lebenserfahrungen. Das Selbst in seiner Gesamtheit und in seiner Essenz ist unser energetischer Beitrag zum Ganzen: ich besitze eine andere Frequenz, wenn ich erfüllt durch die Welt gehe, als wenn ich mich von allen um mich herum bedrücken lasse, das Leid verherrliche, andere unterdrücke etc. Die Zusammenstellung von allen Selbstbildern, die ich in diesem Leben entwickelt habe, färben die Qualität dieser Inkarnation. Das ist genau die Schwingung, die ich ins Jenseits mitnehme und diejenige, die den dortigen Weg weiterprägt sowie die folgende Reinkarnation. Die Zusammenhänge und die Resonanz meiner Selbstgestaltung - ob bewusst oder unbewusst - definieren meinen Pfad auf Erden wie im Himmel. Gleichzeitig dazu bildet diese gesamte und einzigartige Frequenz, die wir ausstrahlen, unseren Beitrag zum universellen Gewahrsein, zum großen Ganzen.

Wie sieht Ihr Beitrag zur Weltseele aus? Depressiv, zuversichtlich, ängstlich, von Leichtigkeit geprägt, forschend, achtsam, von einem Gefühl der Sinnlosigkeit getragen? Ich betone: es geht nicht um die Laune des Augenblicks, sondern um die gesamte Färbung ihres aktuellen Lebens. Es gehört dazu, um eine Bandbreite aus dem Daseinszustand zu erfahren, viele unterschiedliche Gefühlslagen zu durchleben. Jedoch sind es bestimmte wiederkehrende mentale und emotionale Muster, die sich im Laufe der Lebenszeit wiederholen und die einmalige persönliche Identität zutiefst prägen. Diese Identität zieht wiederum ähnlich schwingende Menschen und Situationen an und färbt alle Erfahrungen wie eine Farbbrille, die sowohl die innerliche als auch die äußerliche Welt filtriert und coloriert.

Das ist wohl ein Grund, warum wir mit wachsendem Bewusstsein unser Selbstbild mit klarer Absicht gestalten wollen. Wir wissen um die Tragweite unseres Daseins als Teilchen des Göttlichen. Im Kleinen sowie im Großen.

Ein würdiger Umgang mit sich selbst entspricht einer ehrfürchtigen Haltung der kosmischen Kraft gegenüber, was selbstverständlich alle Wesen mitbeinhaltet.

Selbsthass, Selbstvernachlässigung, gegen das eigene Gewissen zu handeln, seine Seele zu verkaufen sind gleichzustellen mit einer Verachtung des inneren Lichts, das uns das Leben beschert hat und uns am Leben hält. Unsere Einzigartigkeit zu erkennen und zu ehren widerspiegelt das Ehren der Einheit in die Vielheit.

Die Tatsache, dass wir den göttlichen Menschen im Inneren beachten und Raum dafür schaffen, überträgt sich auf die Mitmenschen und prägt unsere zwischenmenschlichen Beziehungen mit Respekt und Annahme - sowie alle Verhältnisse zum Lebendigen.

Das bedeutet nicht, dass wir mit einem naiven, zuckersüßen Grinsen durch die Welt gehen, wie es manchmal in spirituellen Kreisen vertreten wird. Im Gegenteil: Durchschauen, Hinterfragen und gesunde Abgrenzung sind an der Tagesordnung. Das bedeutet, Konflikten nicht aus dem Weg gehen, sondern gerade annehmen und unter die Lupe nehmen. Das bedeutet, dass wir durch die Welt mit offenen Augen gehen und uns gerade anschauen, was nicht angeschaut werden will:

was sich versteckt, was Angst macht, was man für „normal hält"
oder „war immer so", was nicht in der Ordnung liegt. Das heißt
nicht unbedingt, dass wir auf ständigem Konfrontationskurs
sind, sondern dass wir mit den Menschen menschlich und
wahrhaftig umgehen. Dafür die Themen, die Probleme, die
Lügen und die Verzerrungen mit aller Deutlichkeit angehen und
bei ihren echten Namen nennen. „Soft on the people, hard on
the issues".

g) Sich selbst ändern, um das Ganze zu ändern

Wir wissen, dass alles miteinander verbunden ist und dass jeder
„Flügelschlag" uns beeinflusst und dass unsere Gedanken,
unsere Gefühle sowie unser Handeln ebenso in die Welt
„hallen" oder ein Echo finden. Das Bild der Holographie und der
fraktalen Geometrie dürfte eine Hilfe zum Verständnis dieser
Anschauung durch ein intuitives, bildliches Begreifen sein. Die
Interaktion zwischen innen und außen, zwischen Oben und
Unten, zwischen Großem und Kleinem, ist nun auch
nachvollziehbar.

Daraus können wir entnehmen, dass jedes Wesen in seiner
Winzigkeit das Unendliche beinhaltet und mitgestaltet. Der
Schluss davon ist, dass jede und jeder von uns die
Verantwortung für seinen Beitrag zur Gesamtheit, zum
Universum trägt. Ja, es macht etwas aus, wenn meine
Grundstimmung ängstlich, ignorant, unfrei ist. Ja, es macht
etwas aus, wenn ich danach strebe mein Herz zu öffnen, meine
Intelligenz zu benutzen, mein Handeln auf das Gemeinwohl zu

richten. Die erste Auswirkung des an den Tag gelegten Verhaltens betrifft die Person, die es bewusst oder unbewusst nach außen ausdrückt. Die zweite Folge dessen entspricht dem Beitrag zur Welt. Und die dritte Konsequenz davon ist die Rückwirkung auf die Person, die als Ausgangspunkt die bestimmte Schwingung kreiert. Das Ganze wird dadurch potenziert, dass die individuelle Frequenz sich unmittelbar mit anderen gleichschwingenden morphogenetischen Feldern zusammenbindet. Es entsteht ein kumulativer Effekt.

Praktisch übersetzt heißt es, dass, je mehr Menschen sich auf Hilflosigkeit, Ausgeliefertsein, Angst und begleitende Szenarien ausrichten, desto mehr Raum dafür geschaffen wird. Und somit umso leichter zu ankern in die Realität. Je mehr Leute die Endzeitszenarien nähren, desto mehr wird die Urkraft verzerrt. Im Gegenteil, je mehr Menschen ihre innewohnende Göttlichkeit entfalten, desto selbstbestimmter und bewusster werden die Menschen, was dem Prinzip der Evolution mit Würde entspricht.

Wir sind nicht hier, um immer und ewig dieselben Traumata zu entwickeln und ähnliche Unterdrückungsstrukturen aufrechtzuerhalten, wobei ausschließlich der Name geändert wird: all die „kratien" ergeben ständig die gleichen Ergebnisse. Es ist Zeit voran zu kommen auf dem Weg des menschlichen Gewahrseins! Alles andere hängt davon ab.

Der von Unsicherheit und Unwissenheit besetze Tunnelblick ermöglicht nur einen vagen, kurzsichtigen Blick auf die Welt.

Wir überhören die ständige Frage des Universums: „Was willst Du erleben?" Der schöpferische Kosmos wartet auf die menschliche Antwort. Öfters hallt das alte Rezept: Krieg, Katastrophe, Angst, Weltuntergang. Das alles haben wir schon seit unzähligen Generationen - selbstverständlich außer der Weltvernichtung. Es fällt der Mehrheit nichts Besseres ein, als die Wiederholung und Fortsetzung der Machtstrukturen, der Machtlosigkeit, der Entmächtigung. Die Frage wird immer wieder gestellt, und zwar an jeden Menschen und zu einer geringen Weise an andere Erdbewohner, die auch beseelt und bewusst sind - das dürfen wir nicht vergessen. Manche Leute werden depressiv: sie begreifen nicht die großen Möglichkeiten, die sie in dieser besonderen Zeitepoche haben, mitzuwirken, die Ordnung auf der Erde wiederherzustellen. Unbewusst bestätigen sie ihre Ängste, ihre Unwissenheit sowie die Unfähigkeit das Leben auf Erden, frei von Fesseln und mit der Verantwortung für die natürliche Harmonie in ihrem Leben, mit ihren Mitmenschen und anderen Wesen und der Schöpfung wiederherzustellen. Sie haben sich so lange an Muster der Machtlosigkeit gewöhnt, dass sie ihre innewohnende Schöpferkraft vergessen haben. Sie lassen sich an der Nase herumführen und schlucken alles, wühlen sich weiter in ihrer Verantwortungslosigkeit und Hilflosigkeit. Das Universum aber bleibt bei seiner Fragestellung: „Was willst Du denn erleben?" Es benötigt die Rückmeldung, damit die Interaktion zwischen seinem schöpferischen Impuls und der menschlichen Neuerschaffung zugange gehen kann. Die Chancen sind weiterhin offen, Neues zu erschaffen

Die universelle Schöpferkraft wartet auf kreative Antworten. Viele Völker aus dem All blicken auf die Erde und ihre menschliche Bevölkerung und erwarten von den Erdlingen neue Drehbücher.

Es ist Zeit uns von den alten Fesseln, den manipulativen Machtstrukturen und restriktiven Angstmustern zu befreien. Es ist Zeit, das menschliche göttliche Potential und dessen Macht und Kraft zu aktivieren, und zwar individuell sowie kollektiv, in alltäglichen Belangen sowie in allumfassenden Bereichen. Die Menschheit ist lange genug versklavt worden: sie hat ihre Macht abgegeben und lässt sich fremdbestimmen von Entitäten, die sich von ihrer Angst und ihrem Leiden ernähren.

Das Drama ist, dass die Menschen das Szenario Angst im leidvollen Tal des irdischen Lebens verinnerlicht haben und für „normal" halten, weiter generieren und fortführen.

Parallel und fast unbemerkt von den Medien, von sogenannten offiziellen Institutionen verschwiegen und unterdrückt, findet die Erhellung des Gewahrseins auf der Erde statt. Sie kann nicht verhindert werden, vielleicht ein wenig gebremst, wenn der Mensch auf seiner Hilflosigkeit und Unfähigkeit beharrt. Aber die Ewigkeit hat Zeit. Energie folgt ihrem Fluss. Kosmische Gesetze entfalten sich und wirken genauso zuverlässig wie die irdischen, zum Beispiel die Schwerkraft und weitere. Würden sie in der Schule unterrichtet, würden sie zur Ermächtigung und Erleuchtung der Menschheit beitragen.

So oder so entfaltet sich das Bewusstsein auf dem Planeten Erde. Auf eine yin Weise schreitet es voran: im Inneren des Menschen, individuell und im eigenen Tempo. Vielleicht chaotisch und unberechenbar wächst das Gewahrsein wie eine feinstoffliche Schwangerschaft, wobei die Person jeden Tag die Entstehung des inneren Wesens achtsam gestalten kann. Lebenskrisen, Zweifel, Rückfälle in alte Verhaltensmuster und einschränkende Denkweisen und überholte Selbstbilder spiegeln tiefe Prozesse der Bewusstwerdung sowie Chancen, gründliche Veränderungen zu initiieren.

Glaube auf keinen Fall, dass Du allein bist mit Deinem Schicksal: aufgewühlt und hinterfragend. Die Idee, dass Du einsam und anders bist, dass es allen anderen gut geht, ist eine Illusion. Alle Fragen sich wie es weitergeht: es ist gut so, denn es ist jetzt endlich möglich, dass sich der Zustand auf Erden grundsätzlich durch erweitertes Gewahrsein ändert. Nimmst Du diese Chance an oder verpasst Du sie? Es geht um Dich und um alle Wesen auf der Erde sowie um die Erde. Im Kleinen wie im Großen, von innen heraus im Einklang mit der Seele des Einzelnen und mit der Weltseele. Der ins Wasser geworfene Stein erzeugt ringförmige Wellen, die den ganzen Teich in seiner Begeisterung mitziehen.

TEIL 7: SCHLUSSREFLEKTION

Bewusstsein, natürliche Gesetzmäßigkeiten und Evolution sind ewig und grenzenlos: so ist auch der Mensch als Mikrokosmos. Durchschaut man das Spiel der verzerrenden Mächte, entdeckt man einen blauen Himmel (ohne Chemtrail) und vor allem die innewohnende, schöpferische, göttliche Kraft.

Aus der gelungenen Verwandlung und das daraus entstandene neue Selbstbild kommt die mächtige Energie eines erweiterten Bewusstseins ins Rollen, die die Samen der erleuchteten Menschheit auf der lichtvollen Erde in sich birgt.

Das goldene Zeitalter hat bereits angefangen in Dir, in mir, in uns.

Literaturhinweise

Aurélienne Dauguet

Reiseführer zu deinen kosmischen Energien

Aura-Entdeckung

ISBN 978-3-944700-02-1 (Paperback)

ISBN 978-3-944700-12-0 (e-Book)

Alles was lebt, besitzt eine Aura.

Die Energien, die feinstofflichen Ausstrahlungen, wahrzunehmen, gehört zur natürlichen Begabung lebendiger Wesen. Diese wieder zu entdecken, eröffnet einen frischen, neuen Blick auf den Alltag und breite Horizonte.

Das Buch „Reiseführer zu deinen kosmischen Energien – Aura-Entdeckung" führt den Leser auf eine Entdeckungsreise in die verschiedenen Ebenen und Dimensionen der menschlichen Aura.

Es enthält sowohl theoretische Abhandlungen über die verschiedenen Schichten der Aura, wie den Ätherkörper, den Emotionalkörper oder den Mentalkörper, sowie auch praktische Übungen zum richtigen Umgang mit der Aura.

Letztlich wird das Buch für den Leser ein Reiseführer zu sich selbst.

Aurélienne Dauguet

AURATHERAPIE

für ÄRZTE, THERAPEUTEN

und interessierte LAIEN

ISBN 978-3-96051-055-0 (Paperback)

ISBN 978-3-96051-056-7 (Hardcover)

ISBN 978-3-96051-057-4 (e-Book)

Dieses Buch besteht aus zwei Teilen:

Im Lehrbuch liegt der Schwerpunkt auf dem theoretischen Hintergrund, auf der Aura sowie den unterschiedlichen feinstofflichen Schichten. Es werden energetische Zugänge zur feinstofflichen Anatomie betrachtet. Auf die verschiedenen Aurapathologien sowie auf ihre Begradigung wird ausführlich eingegangen. Der hellsichtige Zugang zu Vergangenheit und Zukunft, zu inkarnationellen Erfahrungen, zu prophylaktischer Aurapflege und zur Aurachirurgie werden vorgestellt und in den therapeutischen Rahmen eingebunden.

Das Praxisbuch beinhaltet praxisorientierte Übungen, die die subtilen Wahrnehmungen des Therapeuten schulen, und Techniken, welche die Aura und deren Dimensionen pflegen, schützen, klären, harmonisieren und behandeln. Es enthält auch Erfahrungsberichte, die die Theorie und die Umsetzung der Auratherapie untermauern, sowie Erfindungen der Autorin.

Aurélienne Dauguet

Mein neues Leben mit

der Lichtnahrung

ISBN 978-3-96240-554-0 (Paperback)

ISBN 978-3-96240-555-7 (Hardcover)

ISBN 978-3-96240-556-4 (e-Book)

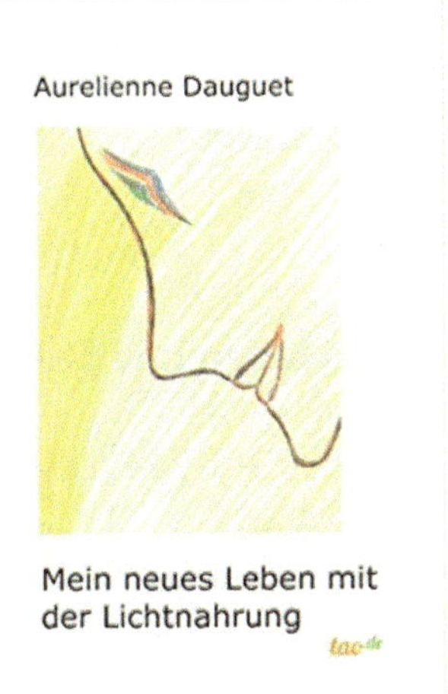

Dies ist der Bericht über den Lichtnahrungsprozess der Autorin. Sie vertraut uns an, wie ihr die Umstellung von „normaler" Nahrung auf Photonen-Nahrung gelungen ist. Wir begleiten sie während des ersten Jahres ihres neuen Lebens mit der Lichtnahrung.

Diese Beschreibung ist authentisch, bodenständig, klar und schlicht.

Der Sinn ihres Beitrags liegt darin, das Verständnis und den geistigen Zugang zur Lichtnahrung menschlich und realistisch zu erleichtern.

Niemand soll hierzu ermutigt werden. Dieser Prozess ist ein rein innerer Vorgang, ein Ruf der Seele. Hier gibt es nichts zu beweisen und niemanden zu überzeugen.

Für die Autorin war die Entscheidung, sich von Prana zu ernähren, eine der wichtigsten in ihrem Leben, mit der Freiheit, die Lichtnahrung jederzeit zu beenden oder sie fortzusetzen.

Aurélienne Dauguet

Der Blender

oder

Vom Lieben und Sterben

ISBN: 978-3-944700-17-5 (Paperback)

ISBN: 978-3-944700-57-1 (e-book)

Diese wahre Geschichte verleiht erstaunliche Einblicke in karmische Zusammenhänge und alte Glaubenssätze, die überholtes Verhalten an den Tag legen.

Auf der Reise in die Normandie zu spirituellen Gesprächen mit einem angesehenen Autor enthüllen sich mehr und mehr unerwartete Zusammenhänge.

Wie im Kaleidoskop entfalten sich verschiedene Schicksale aus dem Alten Ägypten bis in eine zukünftige, befreiende, lichtvolle Verheißung. Erkenntnisse konfrontieren inakzeptable Zustände und Beziehungsmuster, um sie unter dem Spotlight des Bewusstseins zu transformieren und zu heilen.

Reflektionen und geistige Fähigkeiten untermauern jeden Tag des nordfranzösischen Aufenthaltes. Ewig gültige Prinzipien stechen hervor aus der unterhaltsamen Erzählung und schenken ein tieferes Verständnis über das eigene Leben, Sterben und Lieben.

Über die Autorin

Aurélienne Dauguet (geboren 1953 in Paris) verfügt seit ihrer Jugend über eine ausgeprägte feinstoffliche Wahrnehmungsfähigkeit.

Zunächst als Krankenschwester (Zusatz Psychiatrie) tätig, ist sie heute unter anderem Dozentin an den Paracelsus-Schulen in Deutschland und der Schweiz für Auratherapie, fein-stoffliche Radionik, den Sterbeprozess aus ganzheitlicher Sicht, Geistiges Heilen etc.

Das aktuelle Unterrichts-Angebot ist bei den Paracelsus Schulen abrufbar.

Weiterbildungen: Lithotherapie, Aura-Arbeit, Aromatherapie, Blüten- und Edelsteinessenzen-Radiästhesie, feinstoffliche Radionik (ohne Gerät), „Radionic Practitioner" nach der „British Radionic Association" und mit David Tansley, Aura Soma Ausbildung mit Vicky Wall. Aurélienne Dauguet war Aura Soma Lehrerin.

Die Lehr- und Seminartätigkeit rund um das Thema Aura erfolgt europaweit.

Seit ca. 30 Jahren bietet sie sowohl in eigenen Räumen als auch per Telefon Lesen und Reinigen der Aura, Beratungen, Einzelsitzungen, Einzelunterricht sowie Fernunterstützung in deutscher, englischer und französischer Sprache an.

Bei Interesse siehe Kontaktdaten.

Kontakt:

Aurélienne Dauguet

Tel: 0049-(0)175 94 21 791 (Bitte nur per SMS)

aureliennedauguet@gmx.de